I0711281

This Book
Belongs to:

Thank you!

Thank you for buying " Letter Tracing Book for Preschoolers Ages 3-5" book!

If you have any suggestions on how to improve it, or what we can change or add to make it more useful particularly to you, please do hesitate to contact us at activitybook8@gmail.com

We would be more than happy to consider how to apply your suggestion to the next edition.

Without your voice, we can't exist.

Please, support us and leave a review!

We welcome your positive feedback and hope that others will benefit from your expence.

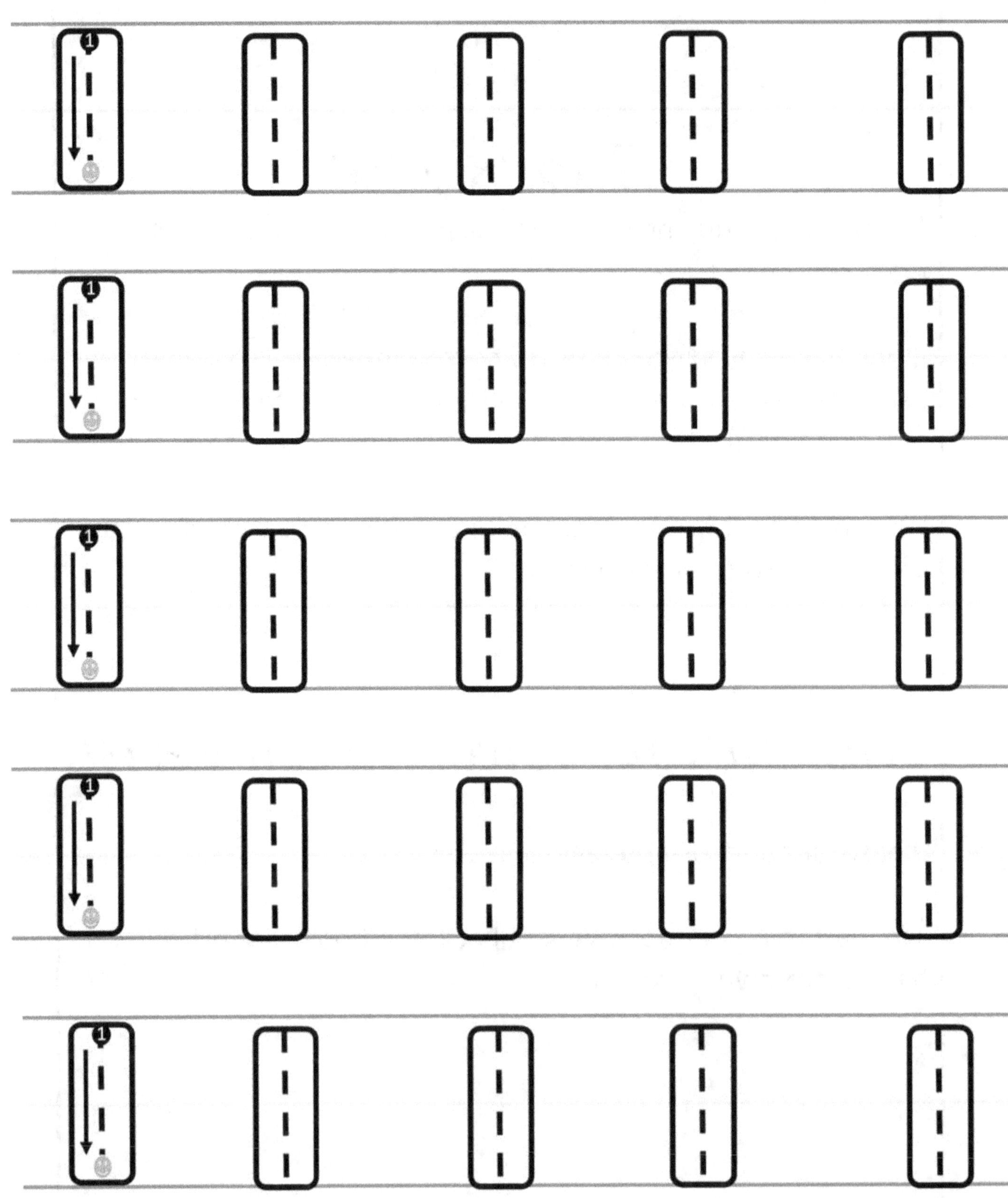

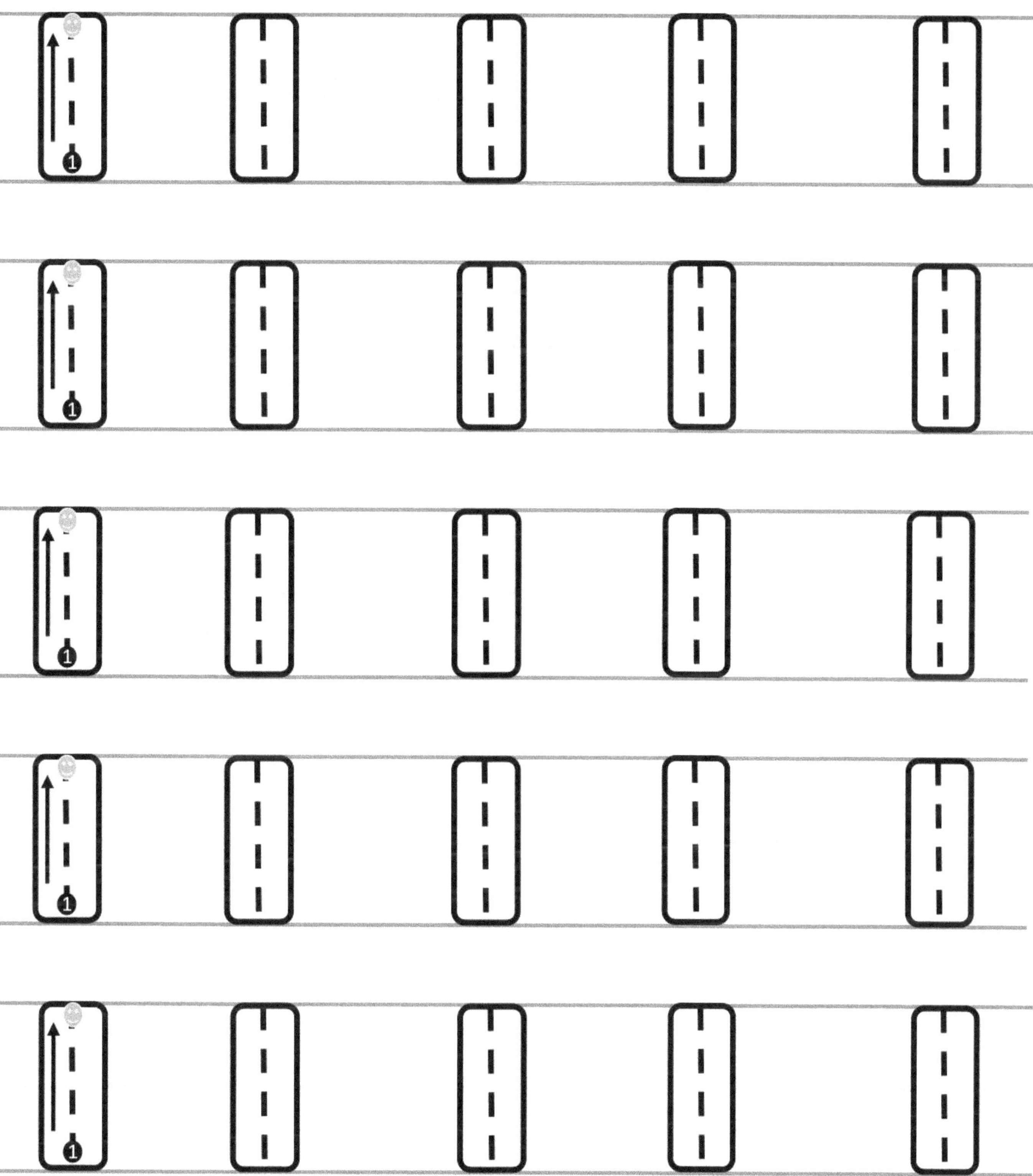

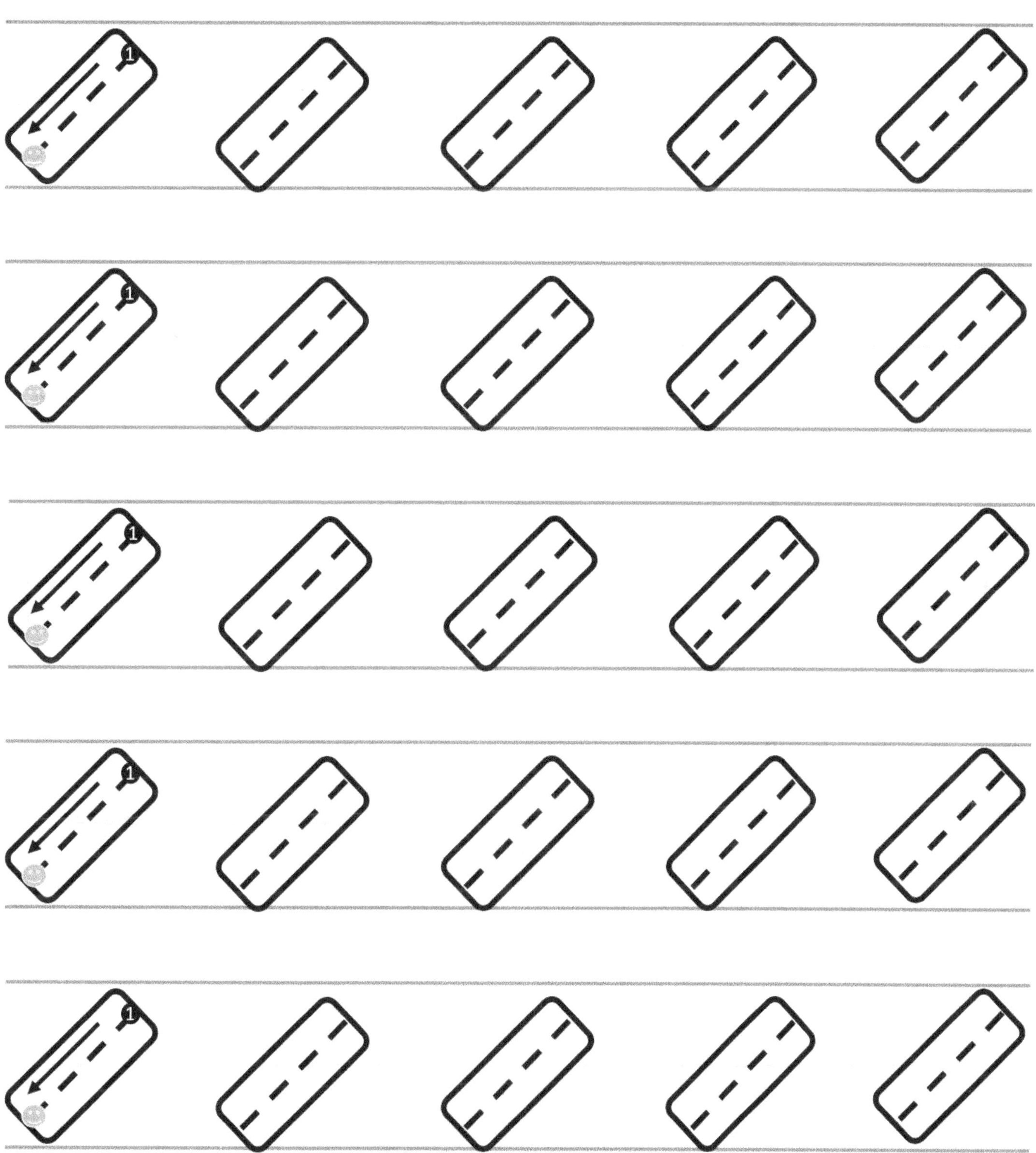

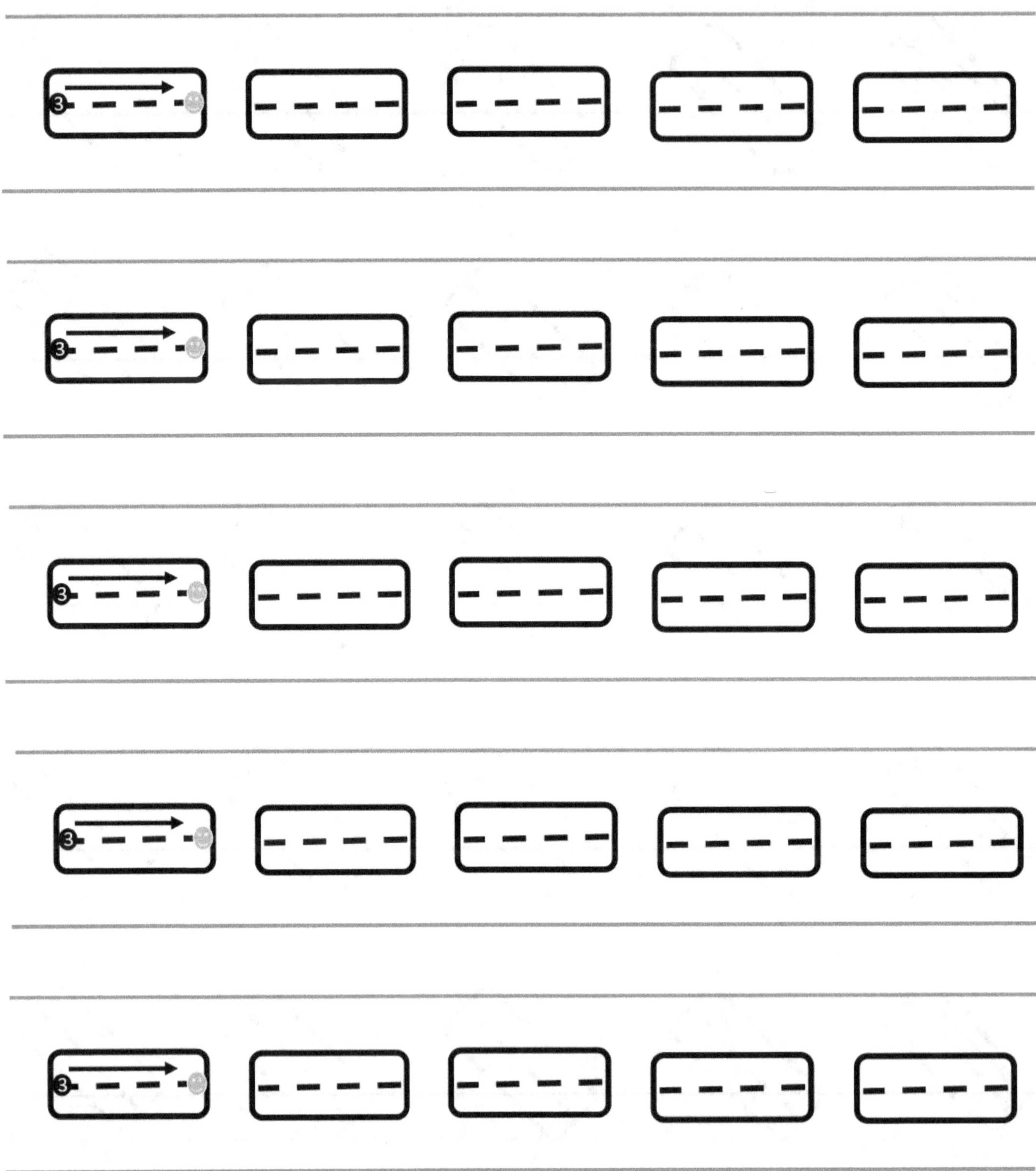

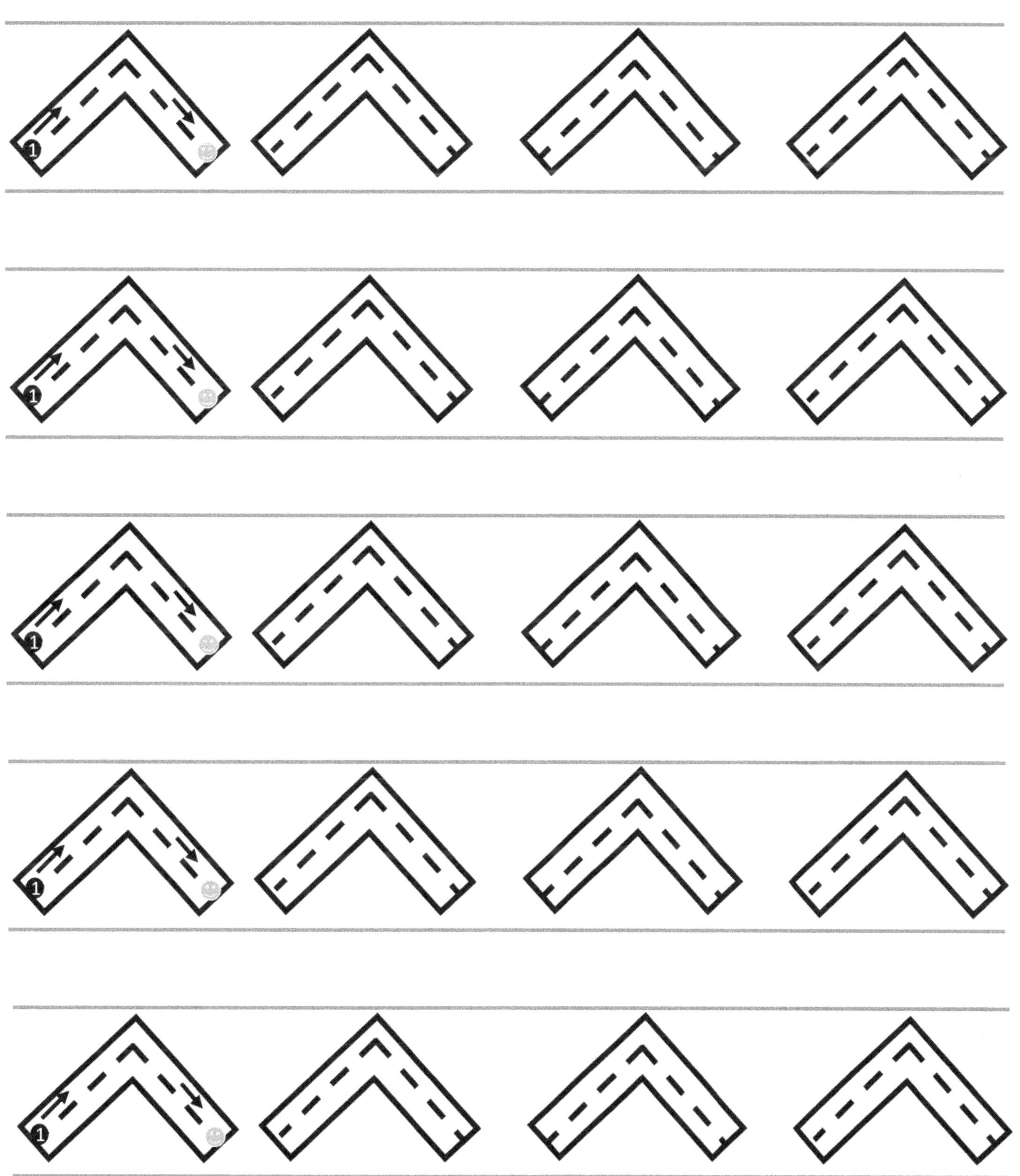

1
1
1
1
1

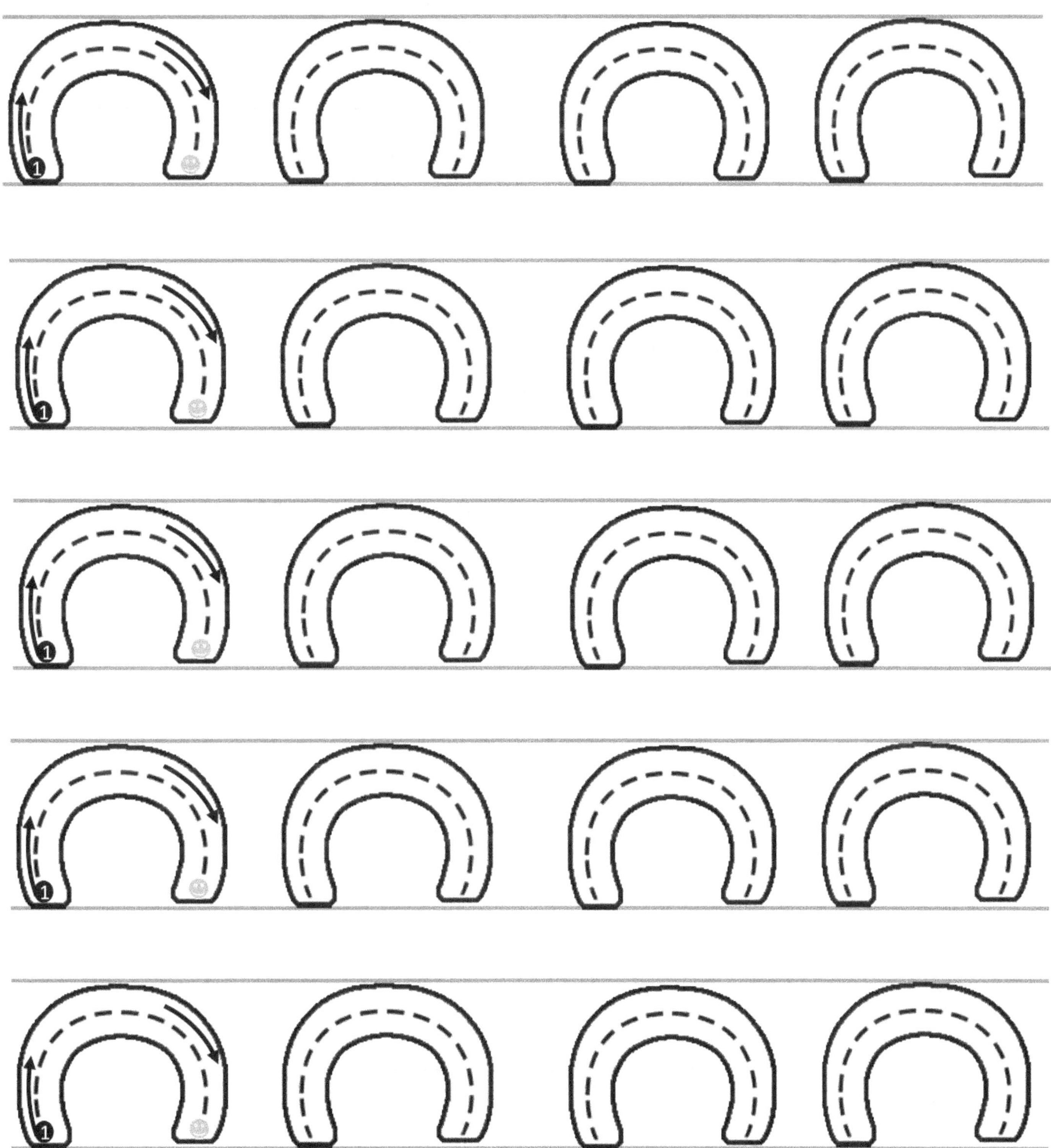

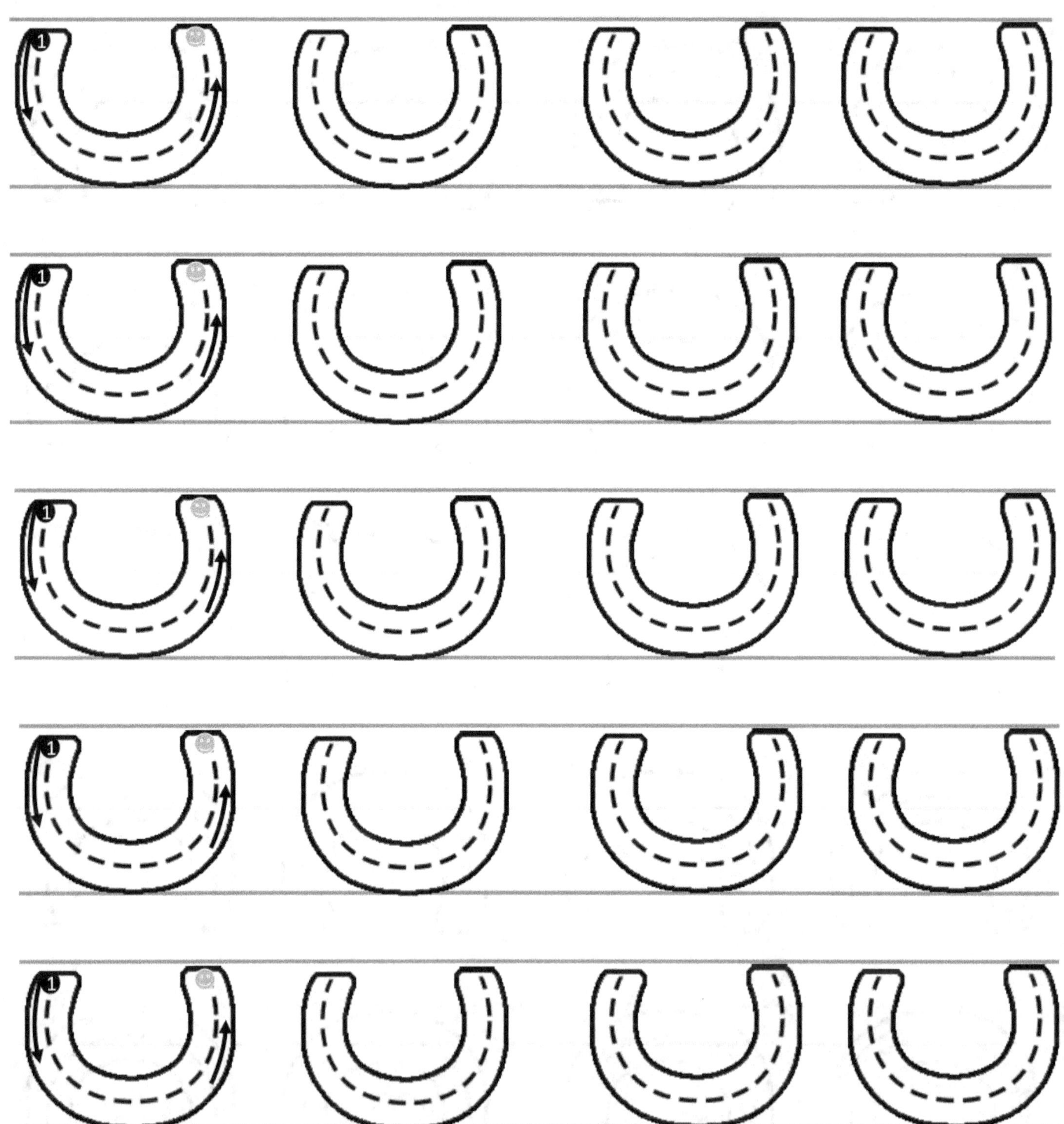

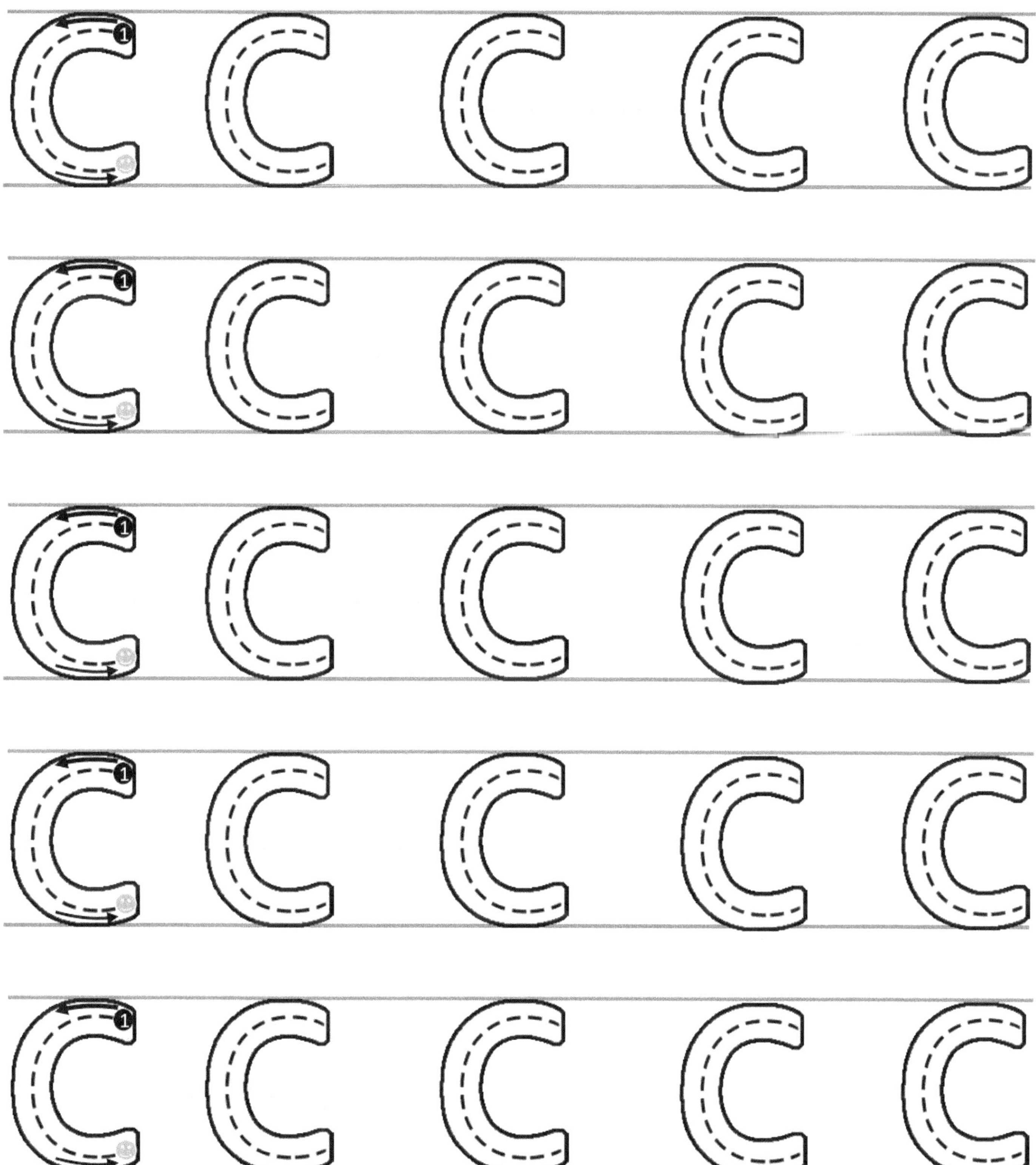

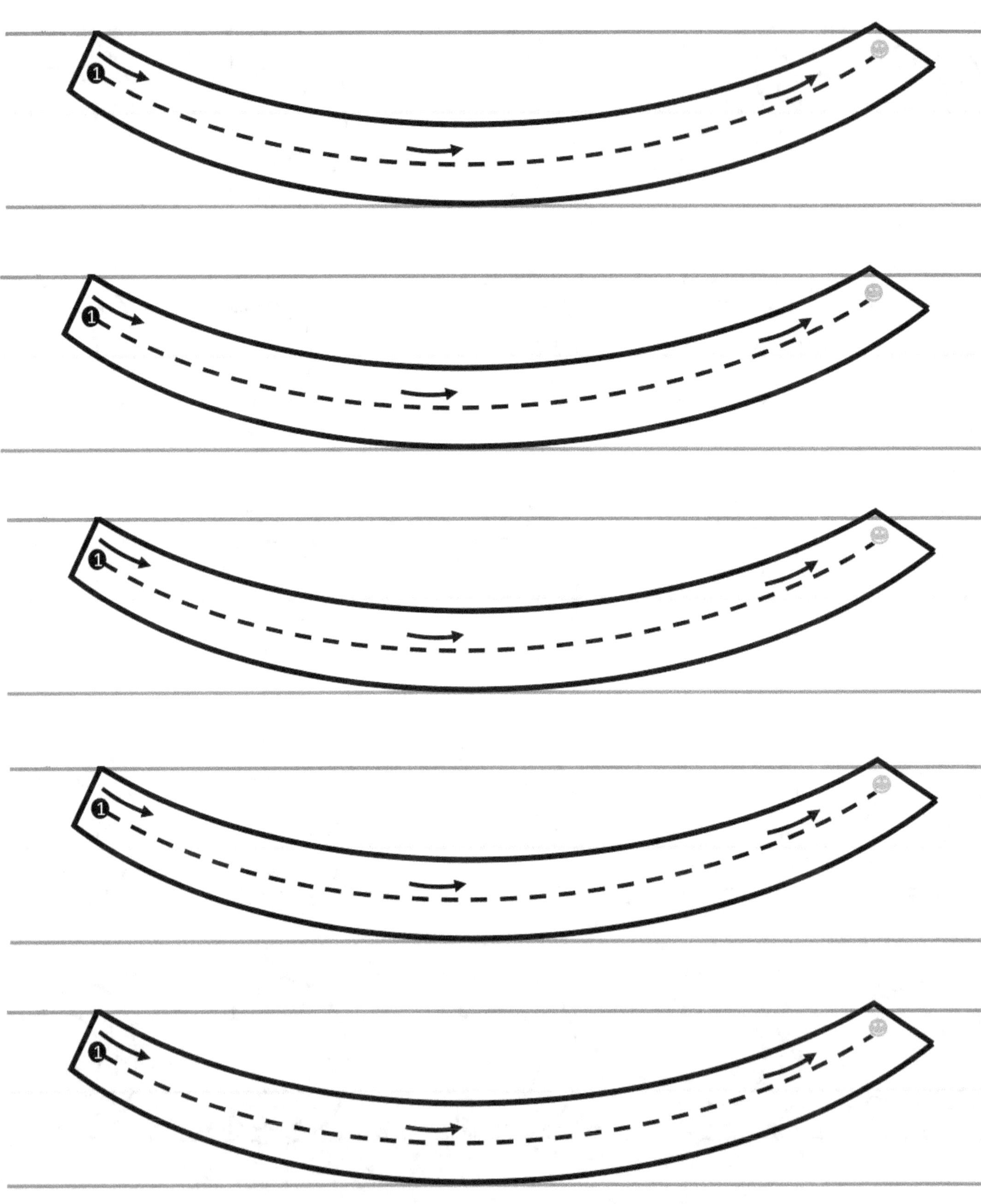

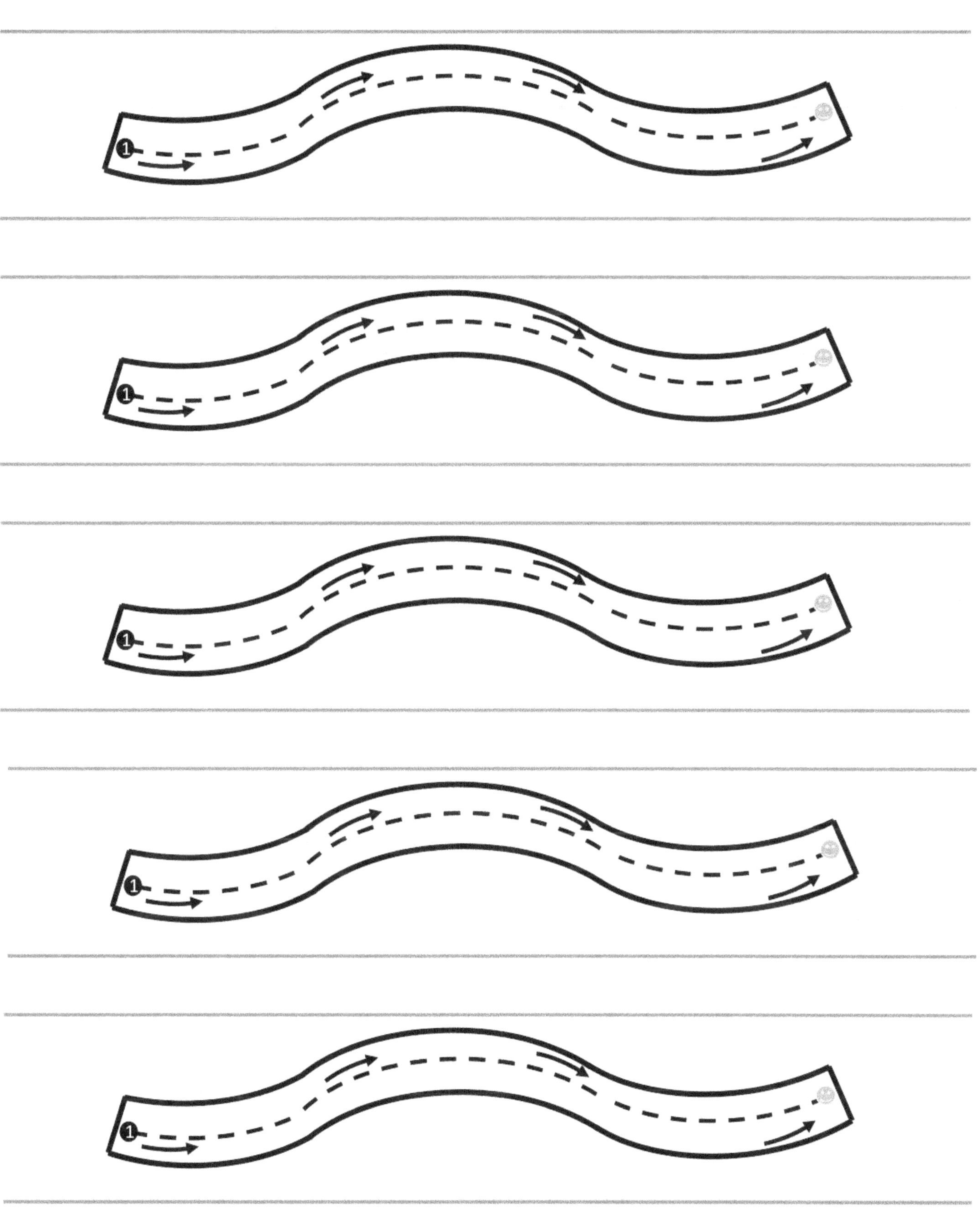

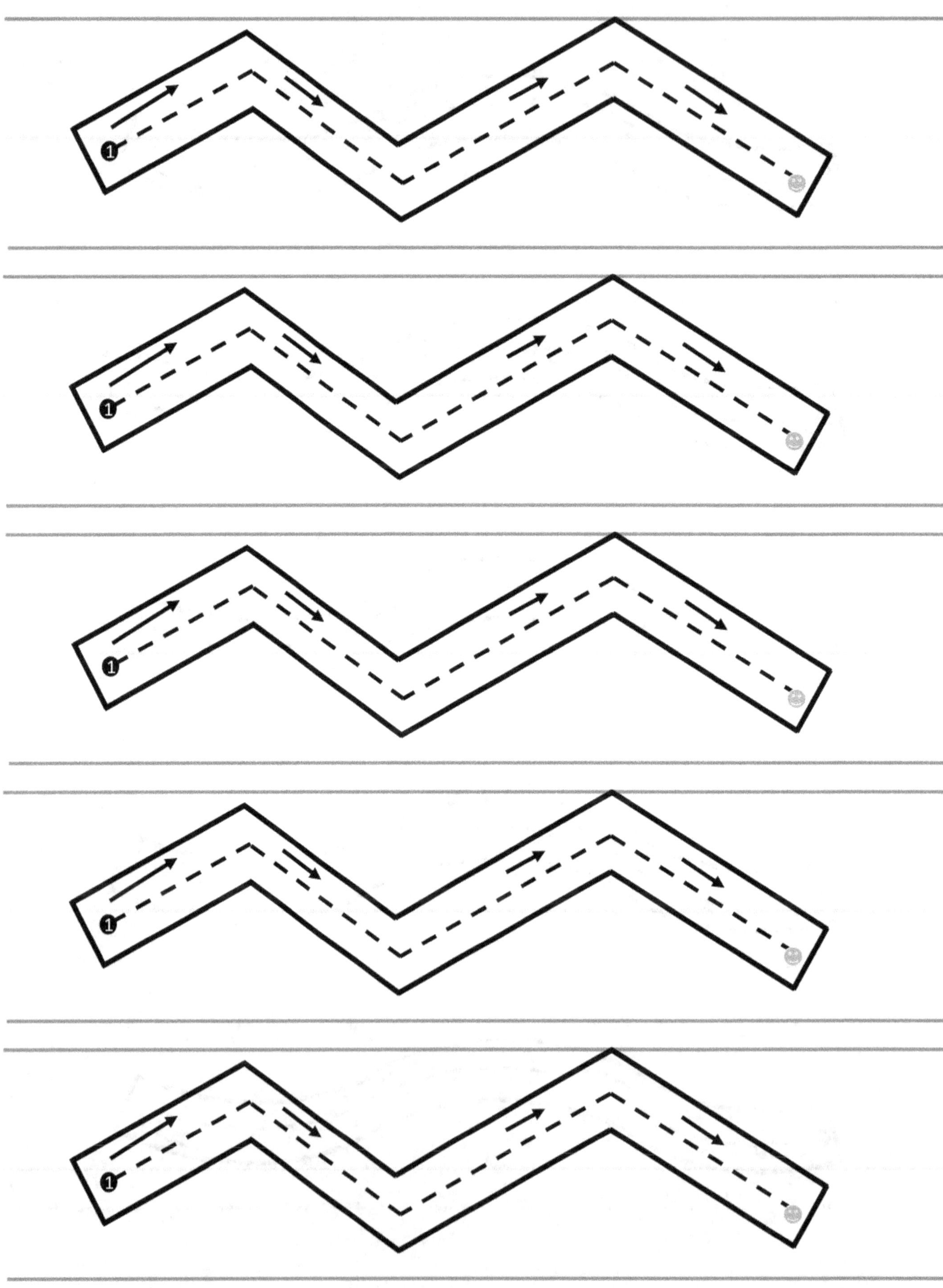

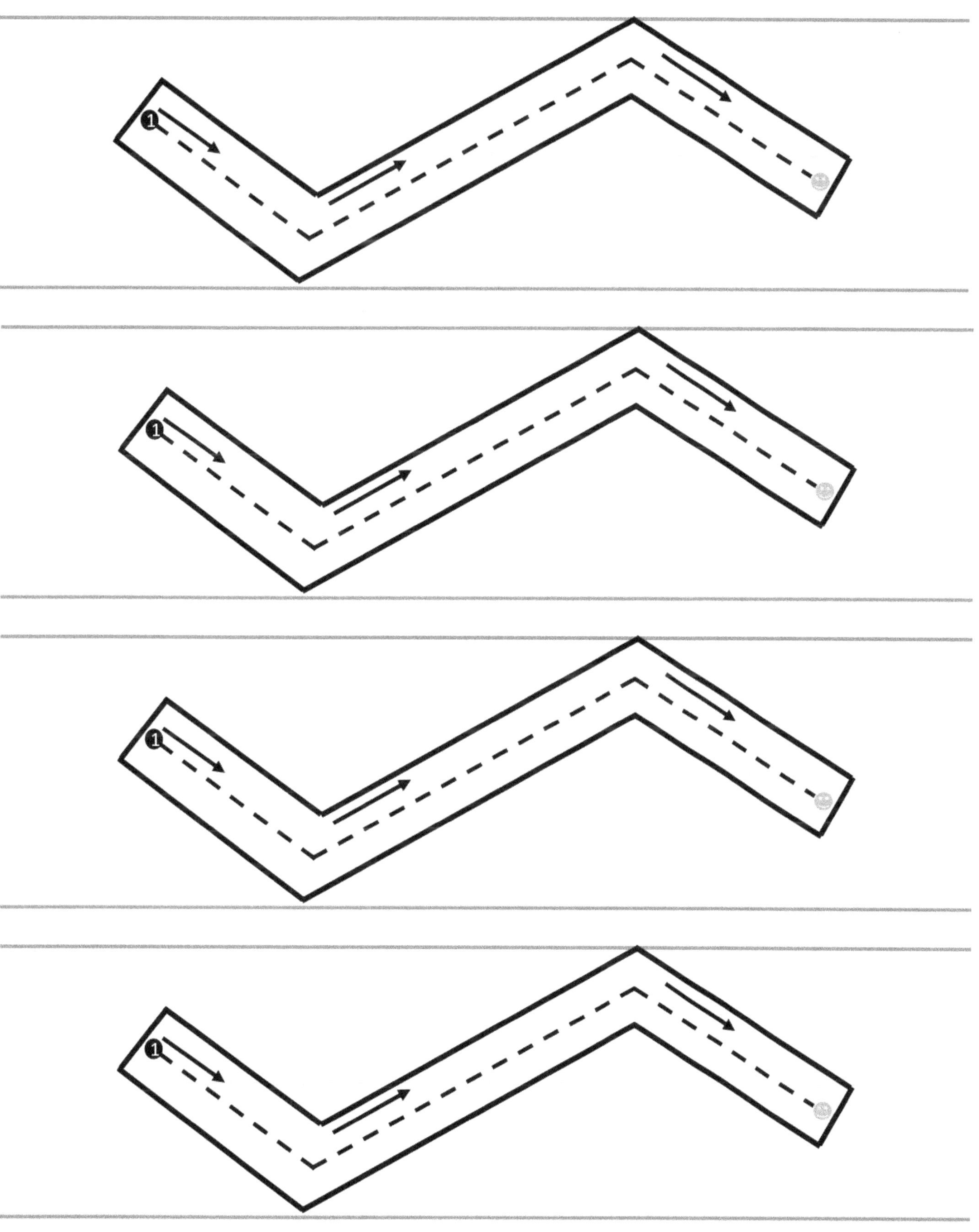

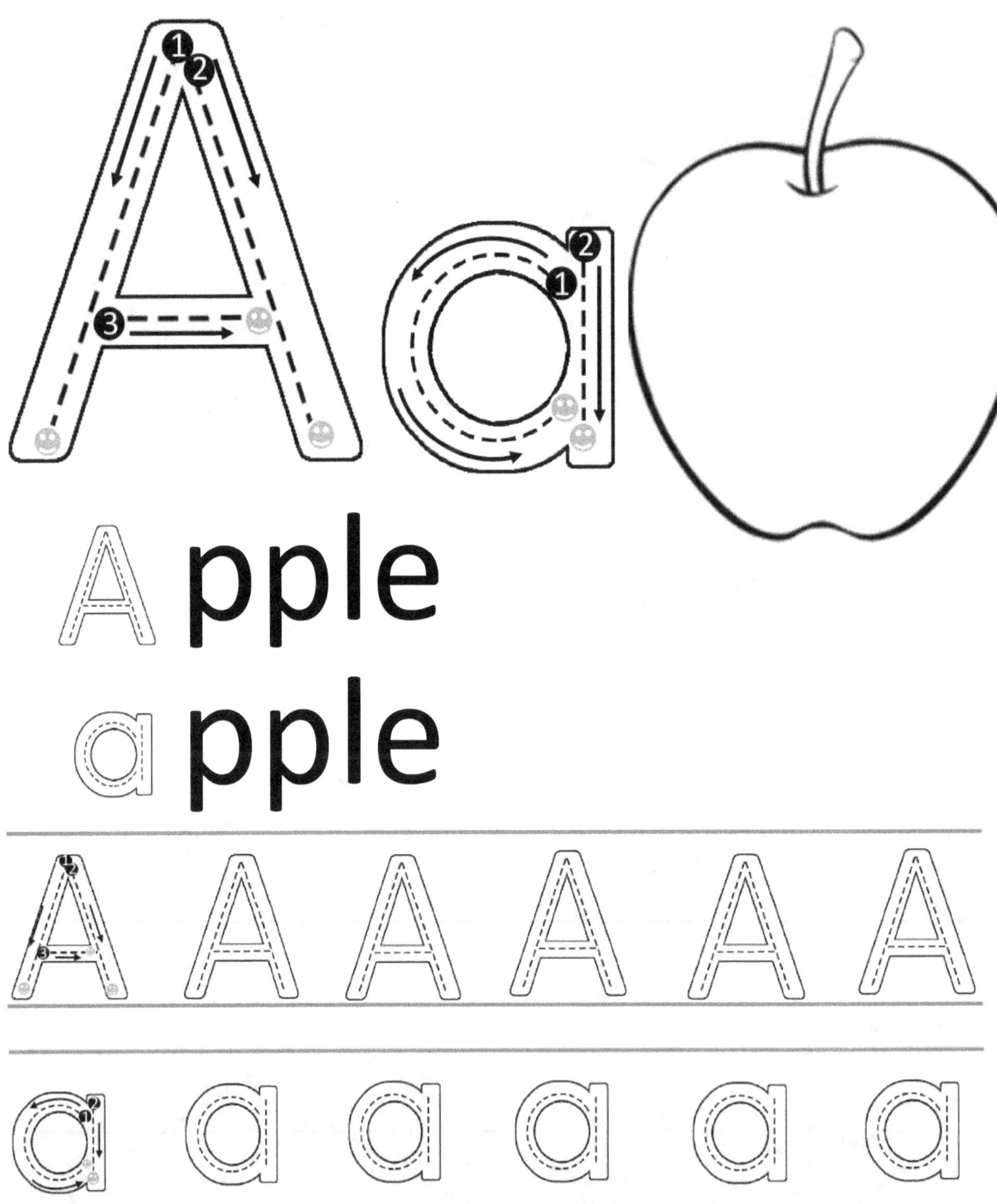

Apple

apple

Aa Bb Cc Dd Ee Ff Gg Hh Ii Jj Kk Ll Mm Nn Oo Pp Qq Rr Ss Tt Uu Vv Ww Xx Yy Zz

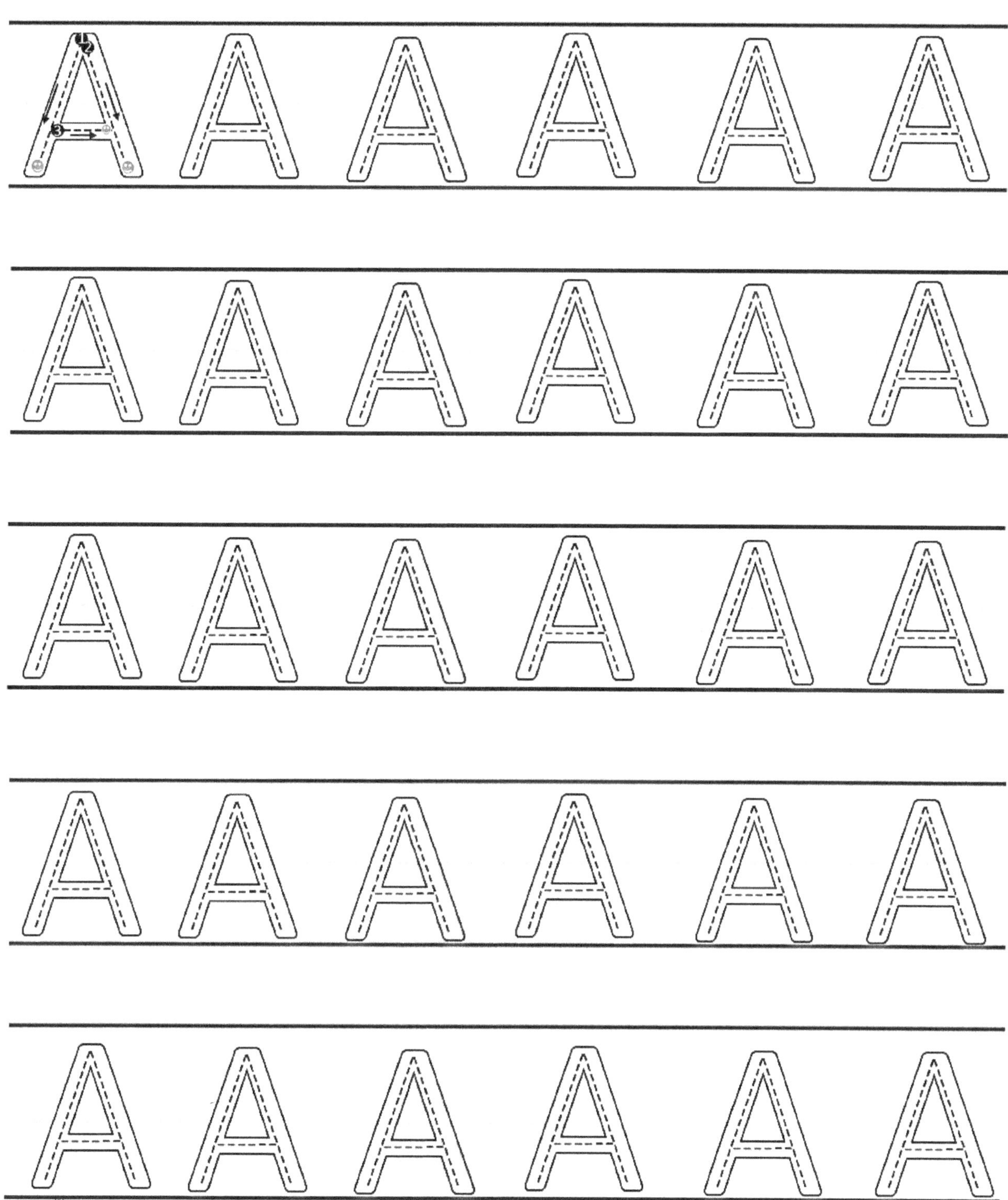

A B C D E F G H I J K L M N O P Q R S T U V W X Y Z

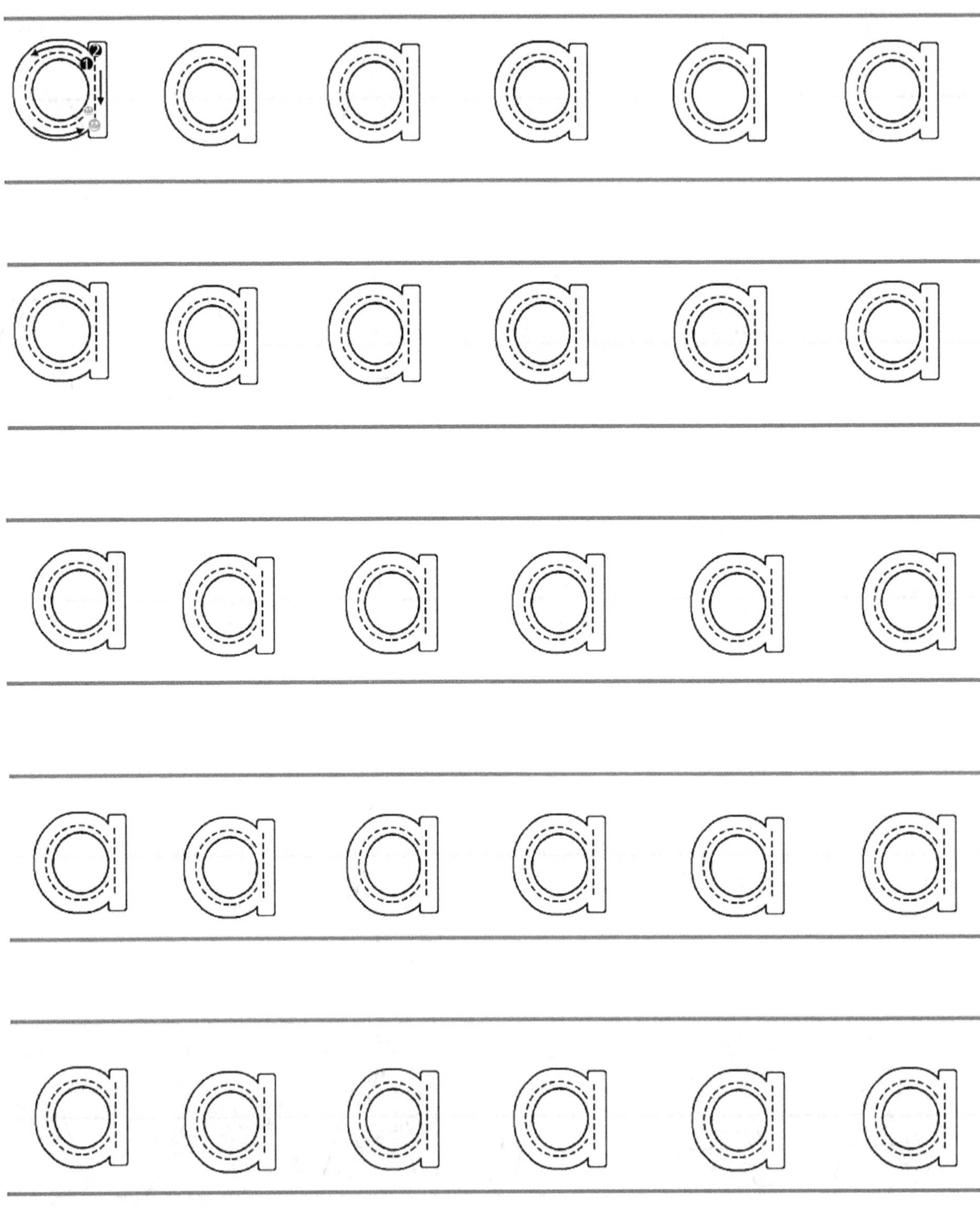

a b c d e f g h j i k l m n o p q r s t u v w x y z

Bell
bell

Aa Bb Cc Dd Ee Ff Gg Hh Ii Jj Kk Ll Mm Nn Oo Pp Qq Rr Ss Tt Uu Vv Ww Xx Yy Zz

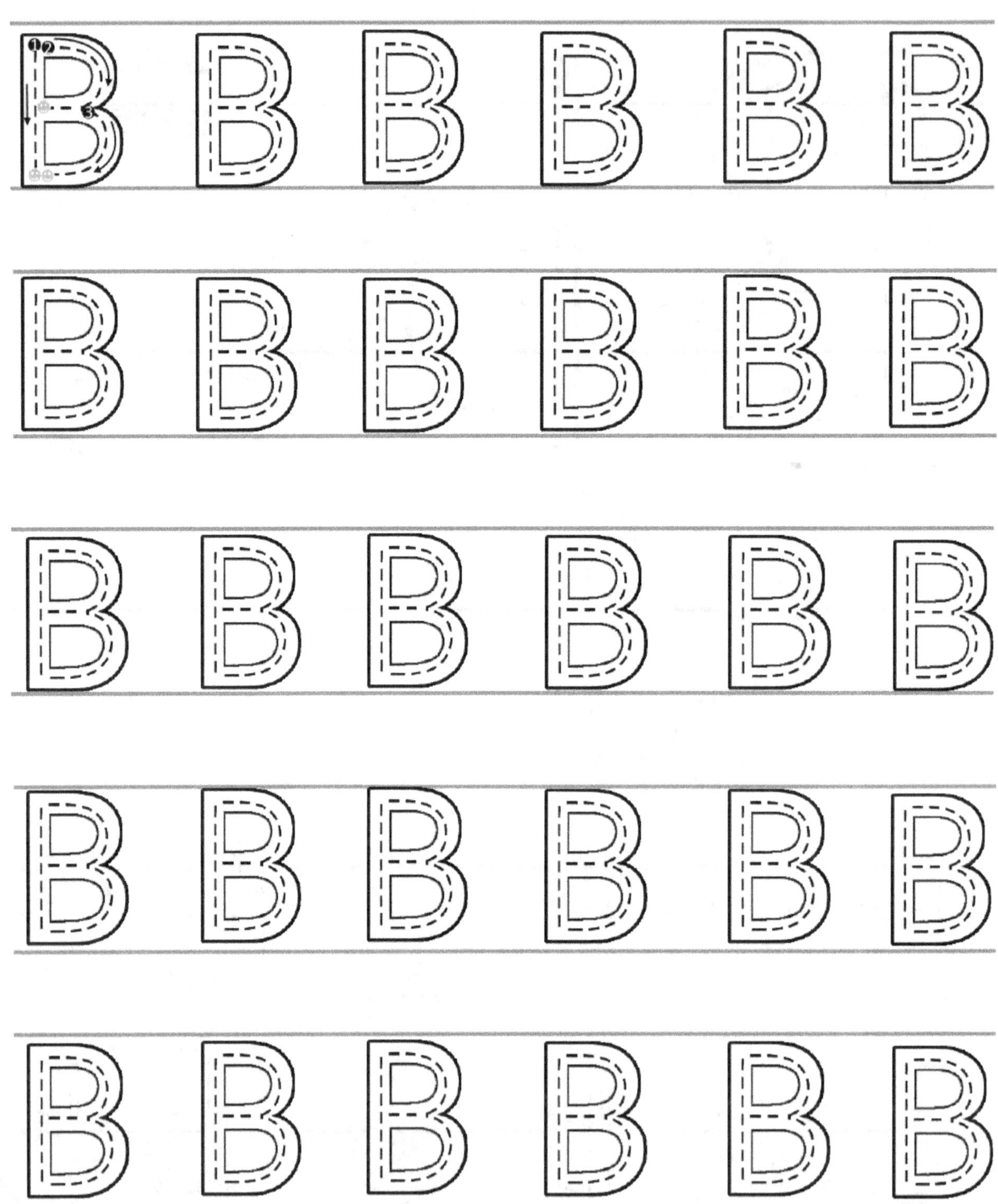

A B C D E F G H I J K L M N O P Q R S T U V W X Y Z

b b b b b b

b b b b b b

b b b b b b

b b b b b b

b b b b b b

a b c d e f g h j k l m n o p q r s t u v w x y z

Cc

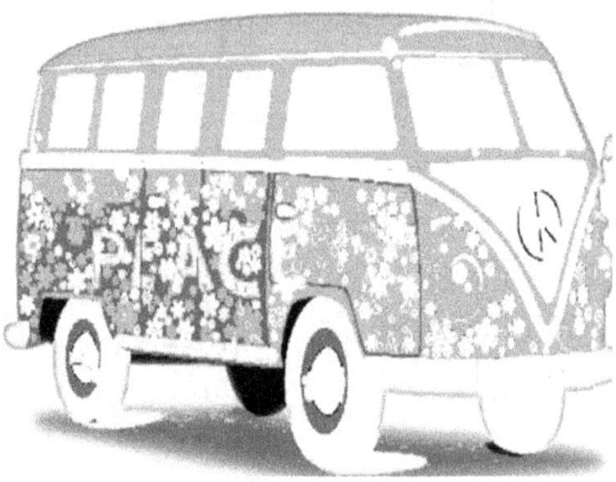

Car

car

C C C C C C

c c c c c c

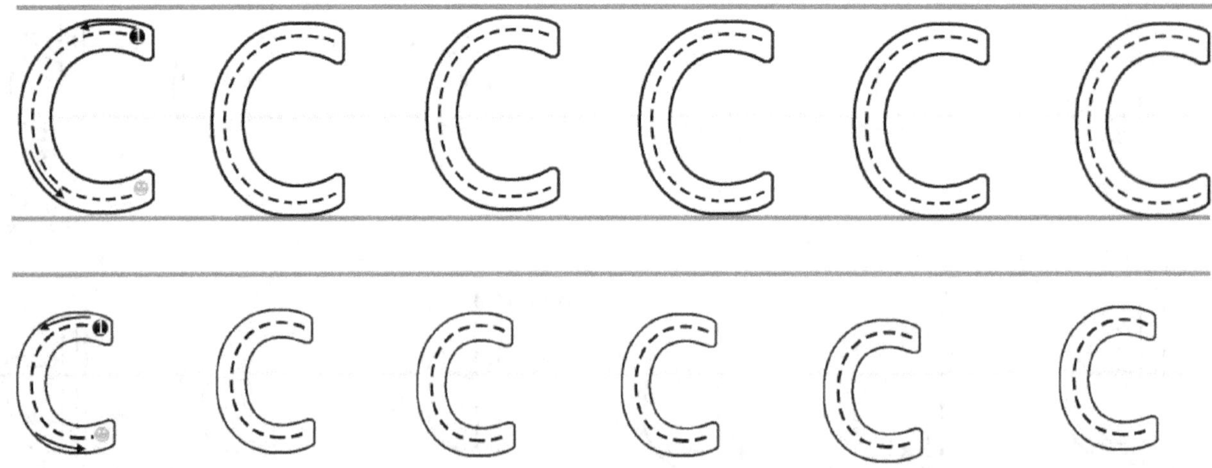

Aa Bb Cc Dd Ee Ff Gg Hh Ii Jj Kk Ll Mm Nn Oo Pp Qq Rr Ss Tt Uu Vv Ww Xx Yy Zz

C C C C C C

C C C C C C

C C C C C C

C C C C C C

C C C C C C

A B C D E F G H I J K L M N O P Q R S T U V W X Y Z

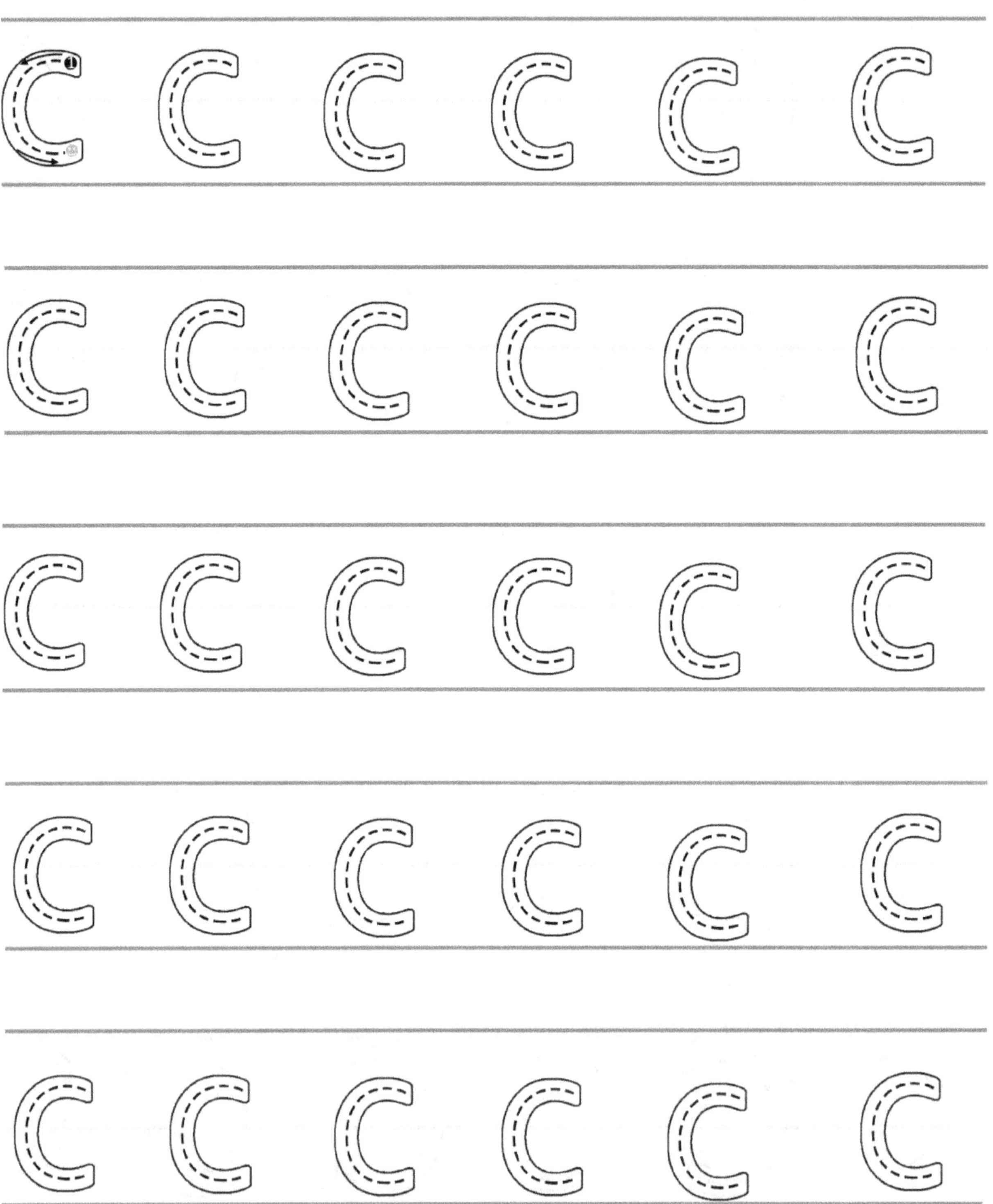

a b c d e f g h j k l m n o p q r s t u v w x y z

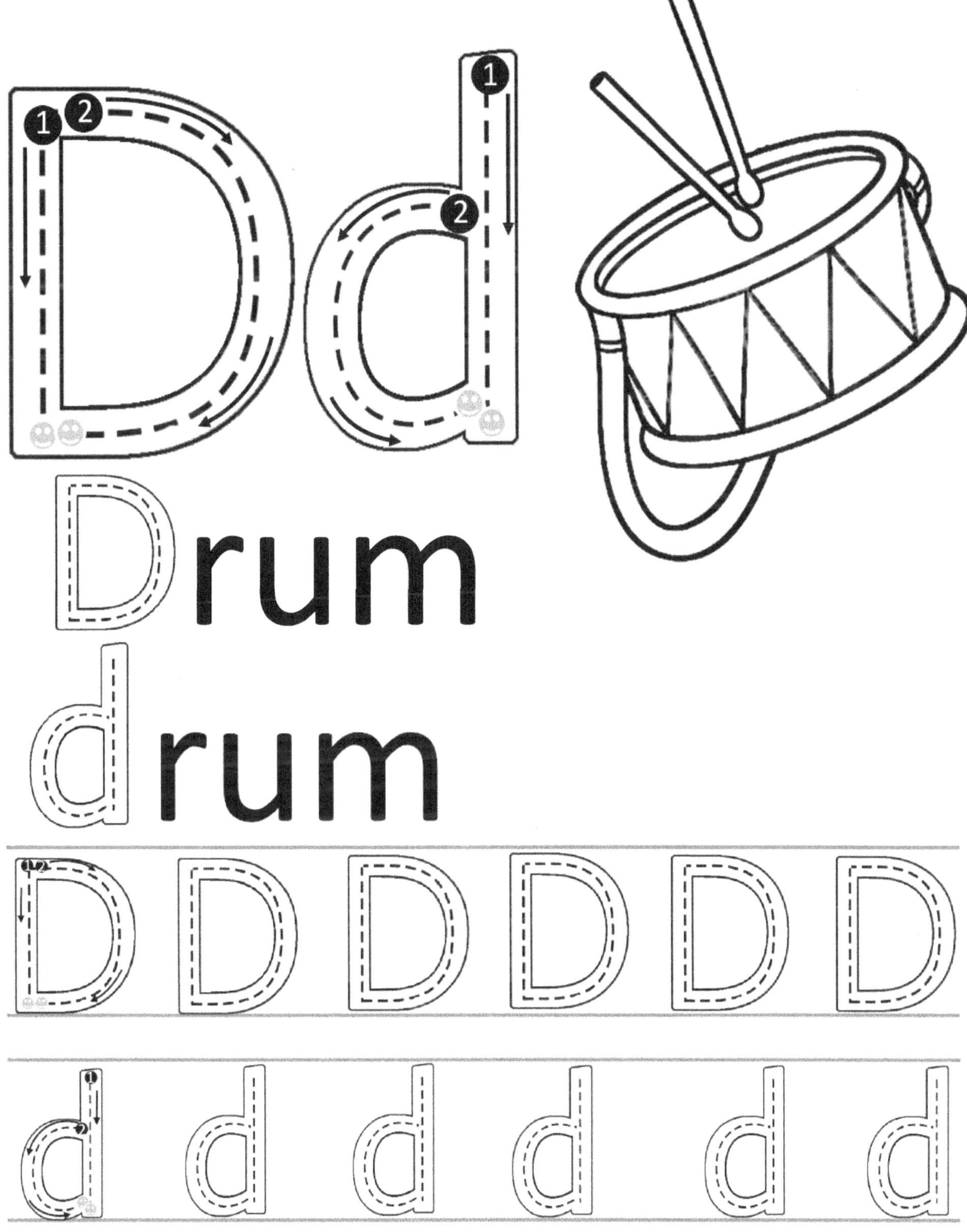

Drum

drum

Aa Bb Cc Dd Ee Ff Gg Hh Ii Jj Kk Ll Mm Nn Oo Pp Qq Rr Ss Tt Uu Vv Ww Xx Yy Zz

D D D D D D

D D D D D D

D D D D D D

D D D D D D

D D D D D D

A B C D E F G H I J K L M N O P Q R S T U V W X Y Z

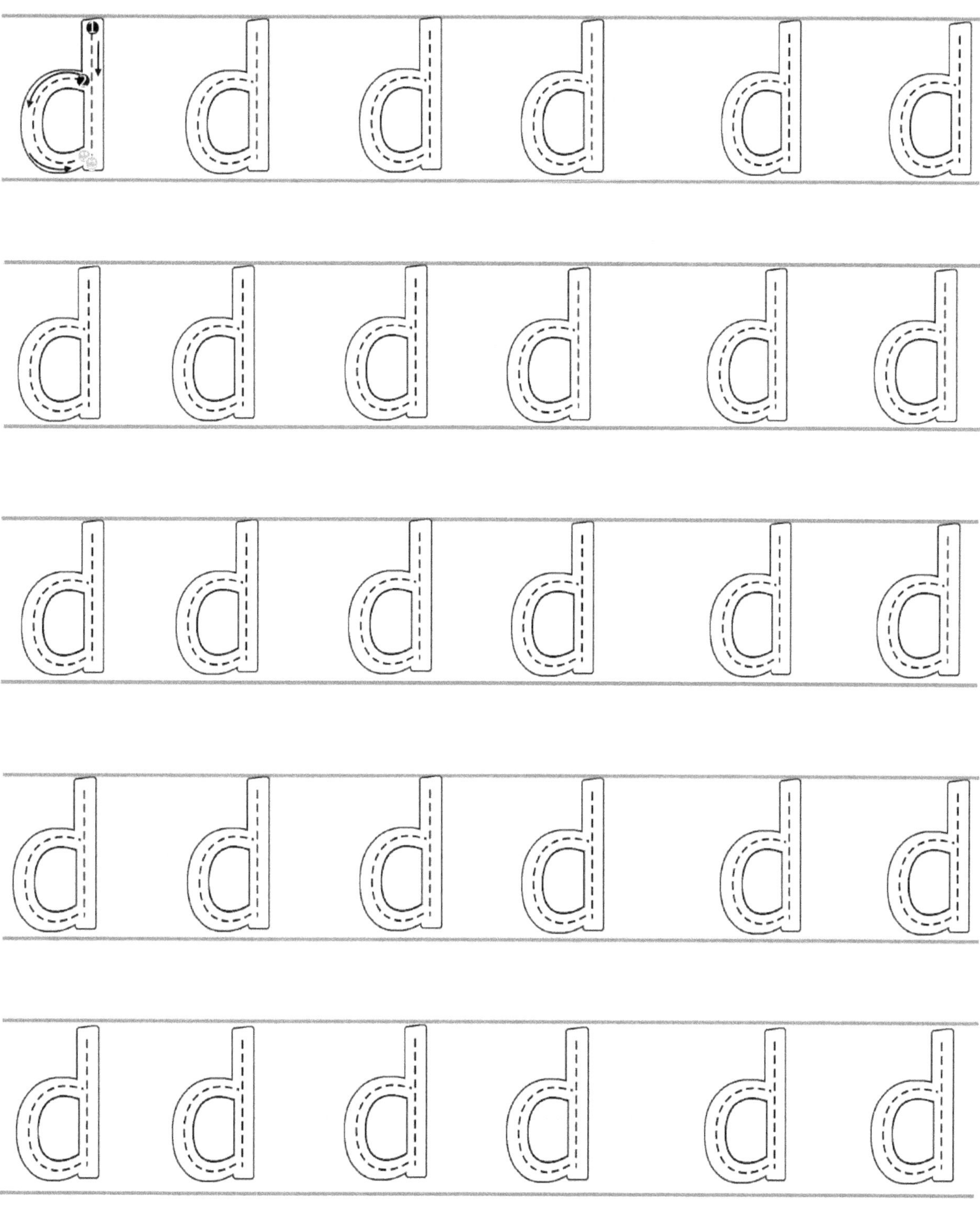

a b c d e f g h j k l m n o p q r s t u v w x y z

Ee

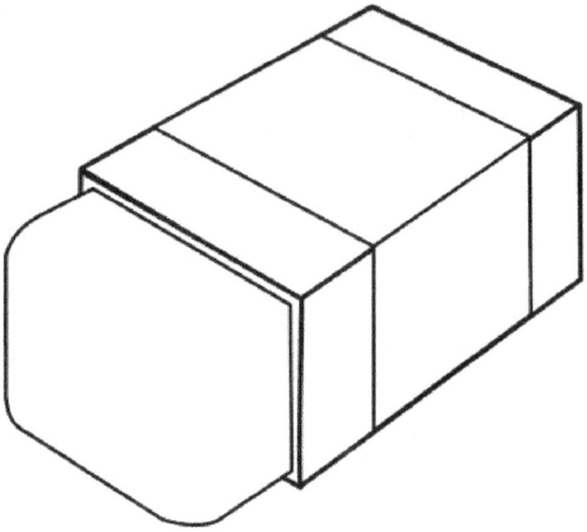

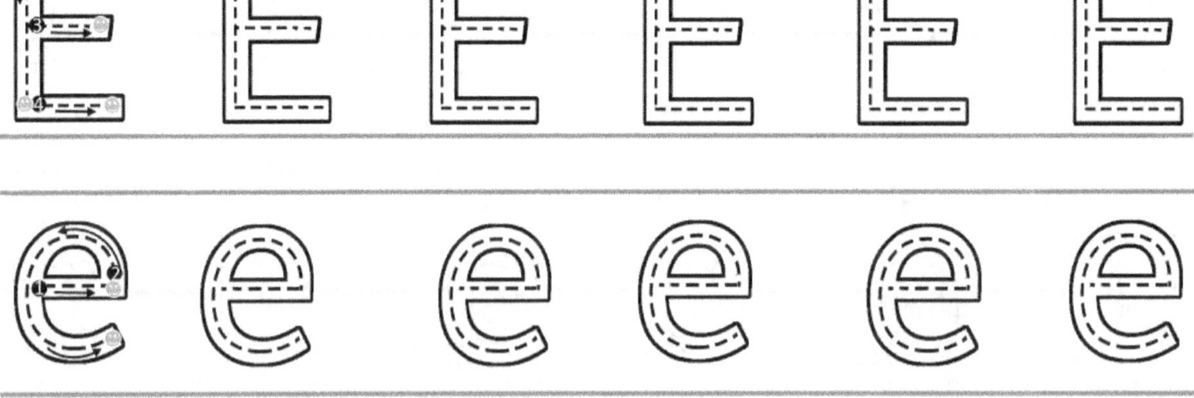

Eraser

eraser

Aa Bb Cc Dd Ee Ff Gg Hh Ii Jj Kk Ll Mm Nn Oo Pp Qq Rr Ss Tt Uu Vv Ww Xx Yy Zz

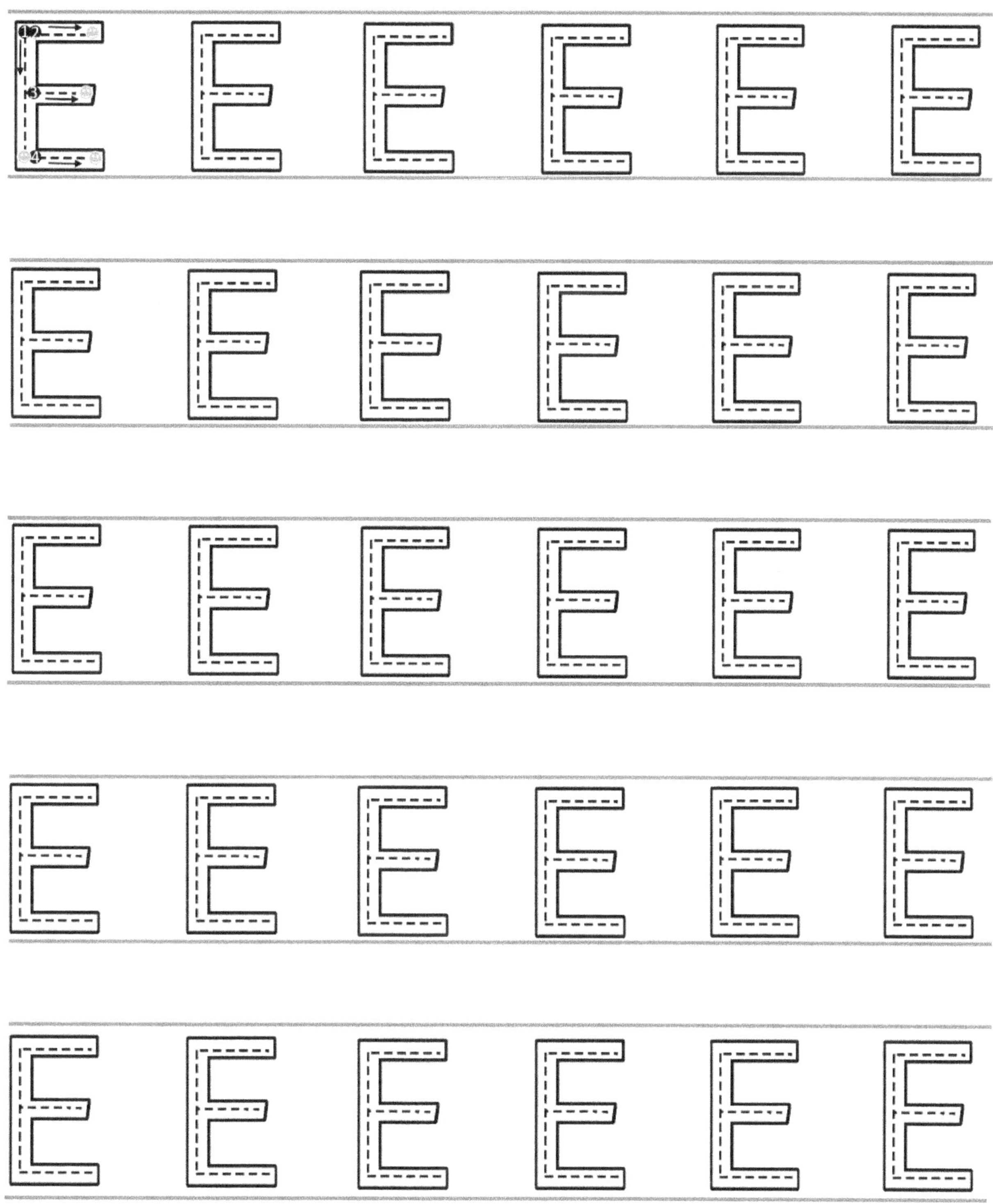

A B C D E F G H I J K L M N O P Q R S T U V W X Y Z

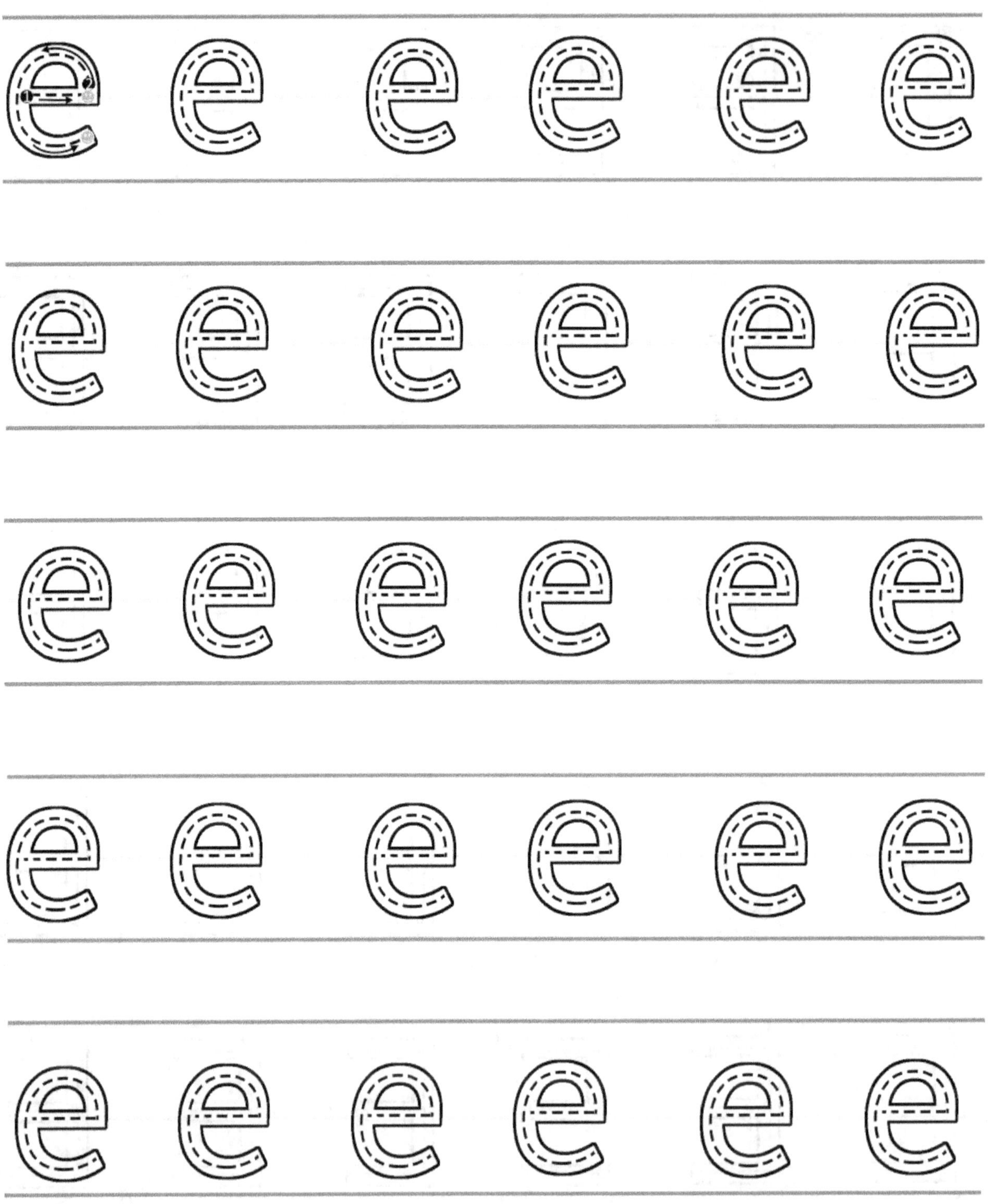

a b c d e f g h j k l m n o p q r s t u v w x y z

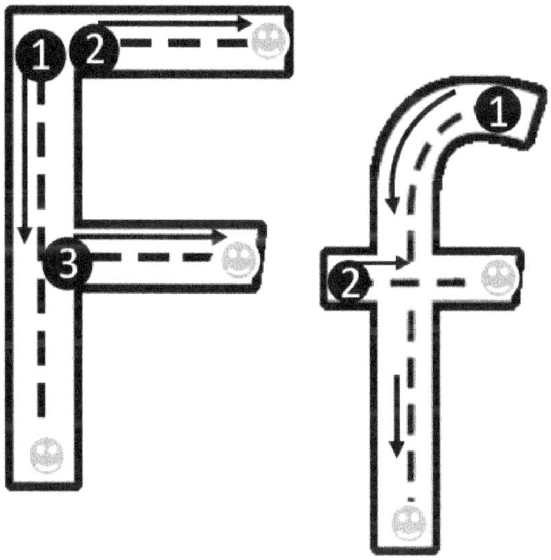

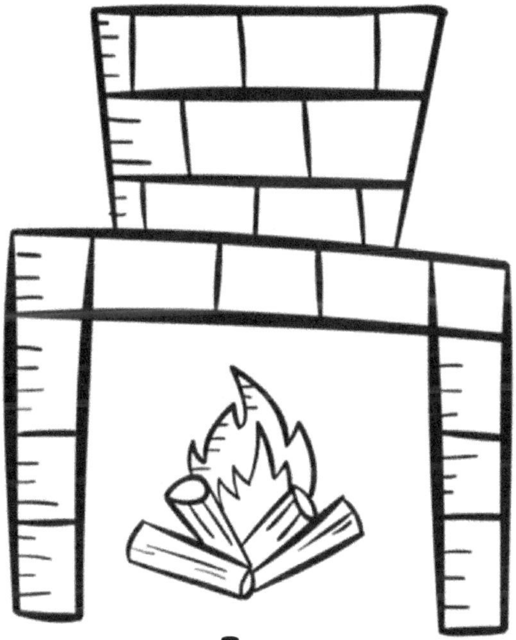

Ff

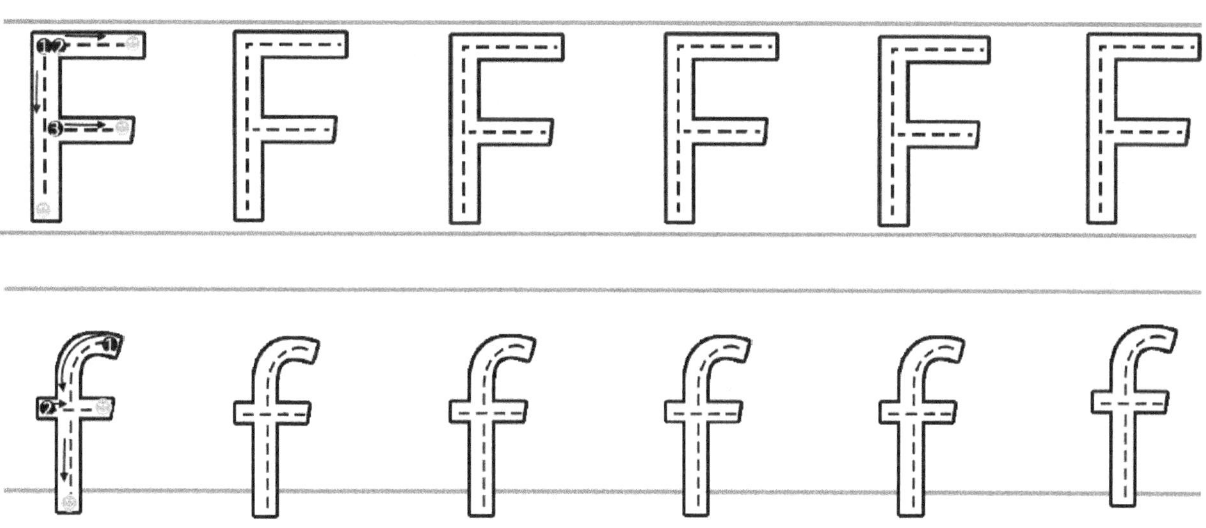

Firewood
firewood

F F F F F F

f f f f f f

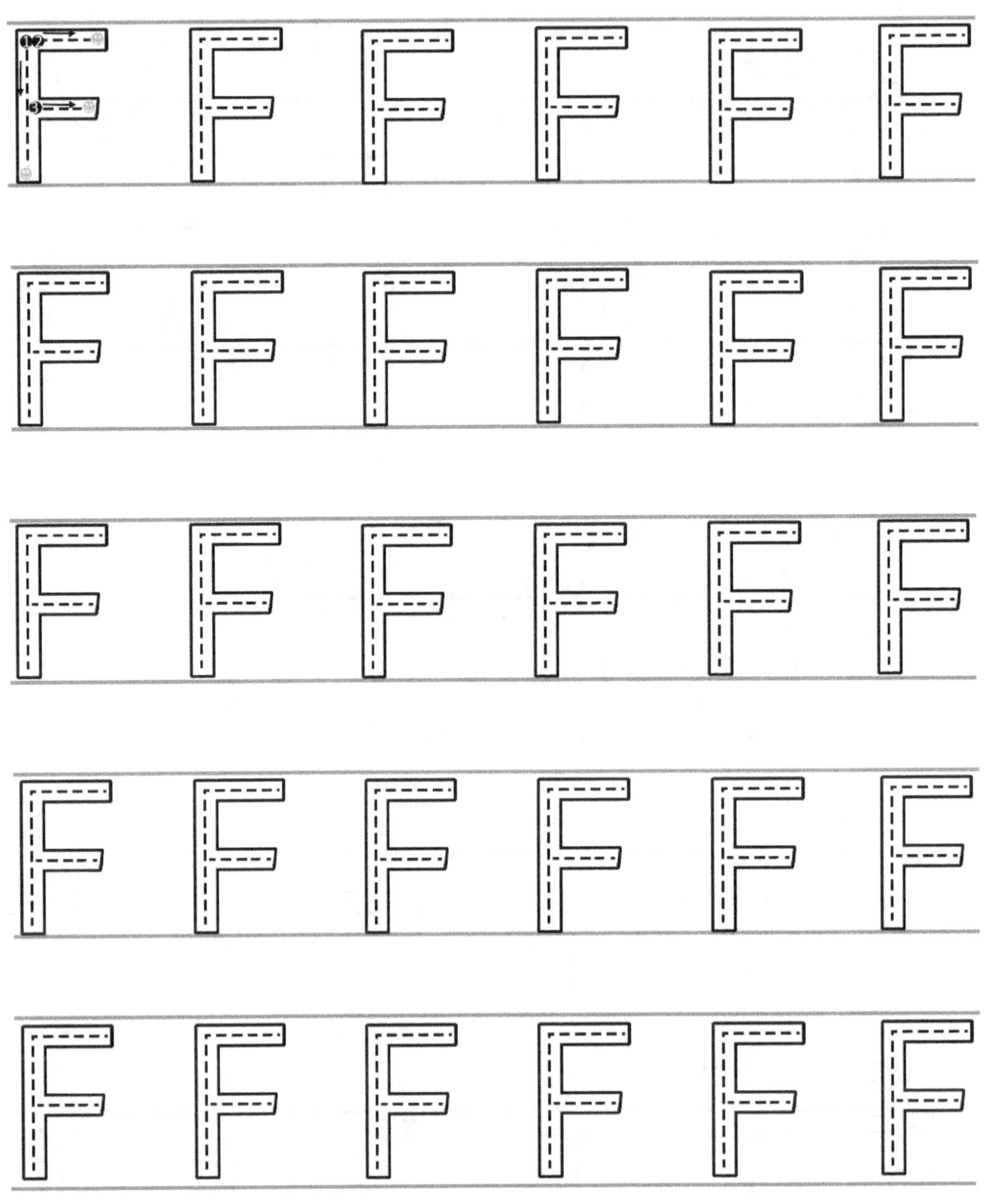

A B C D E F G H I J K L M N O P Q R S T U V W X Y Z

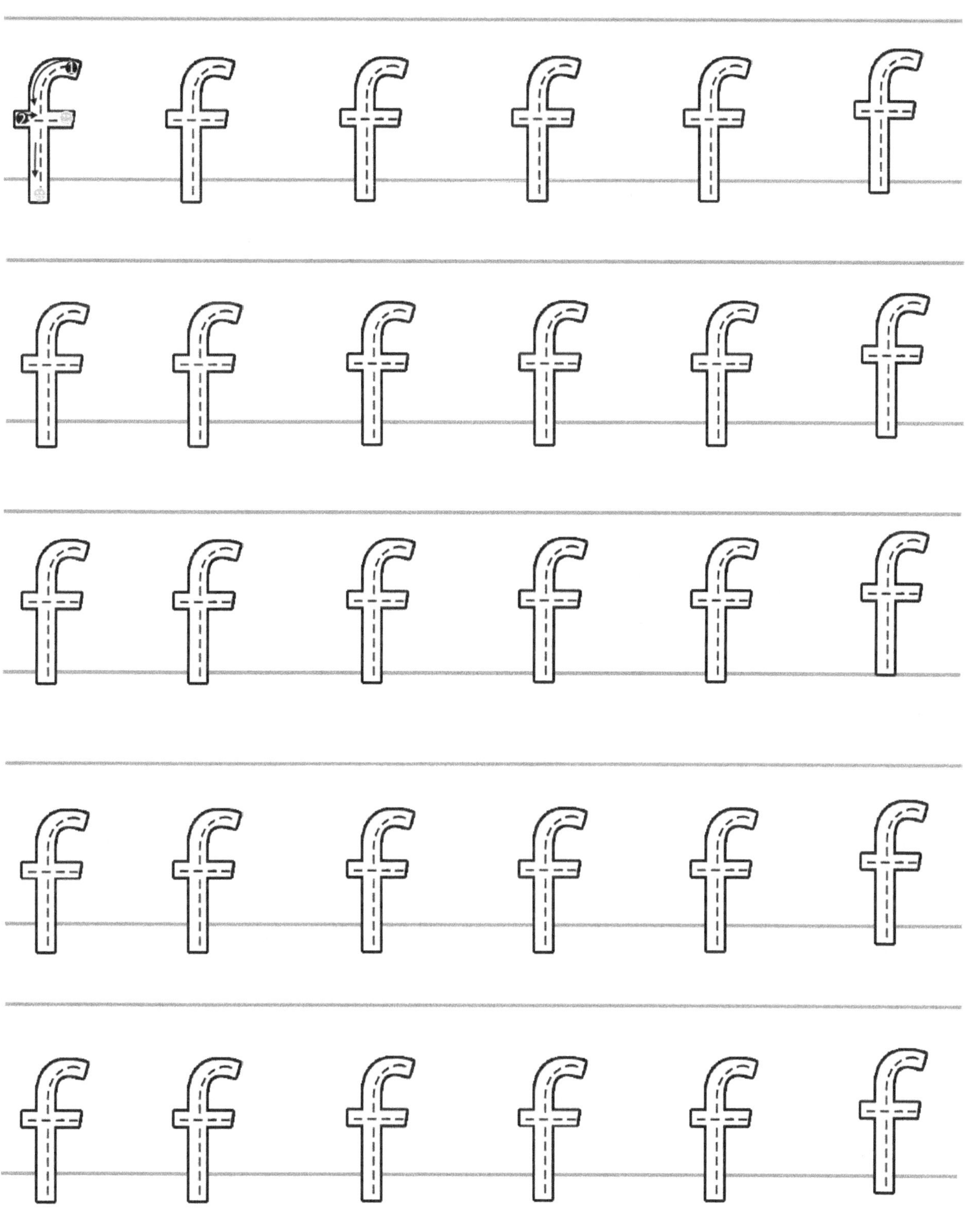

a b c d e f g h j k l m n o p q r s t u v w x y z

Grape
grape

A B C D E F G H I J K L M N O P Q R S T U V W X Y Z

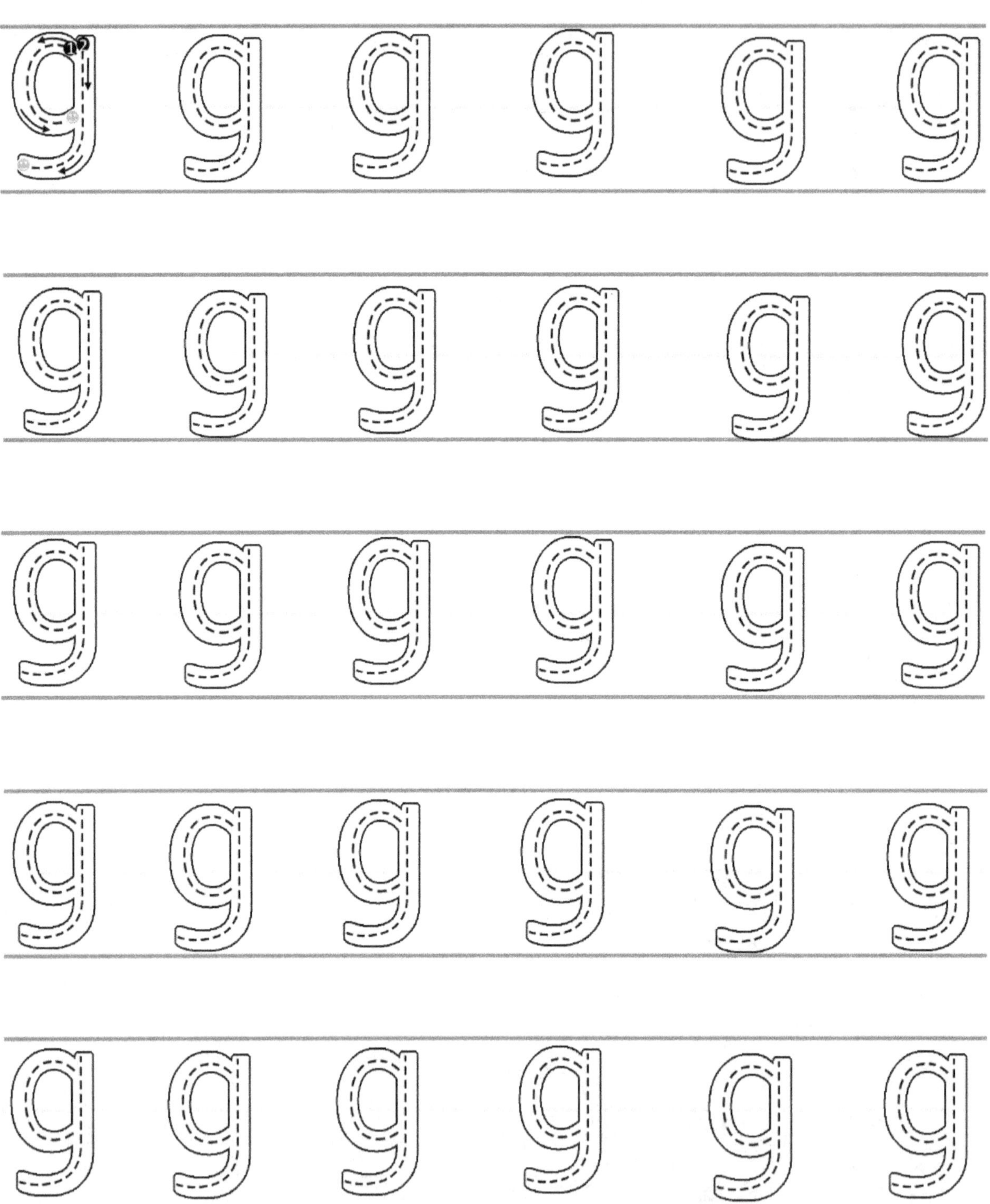

a b c d e f g h j k l m n o p q r s t u v w x y z

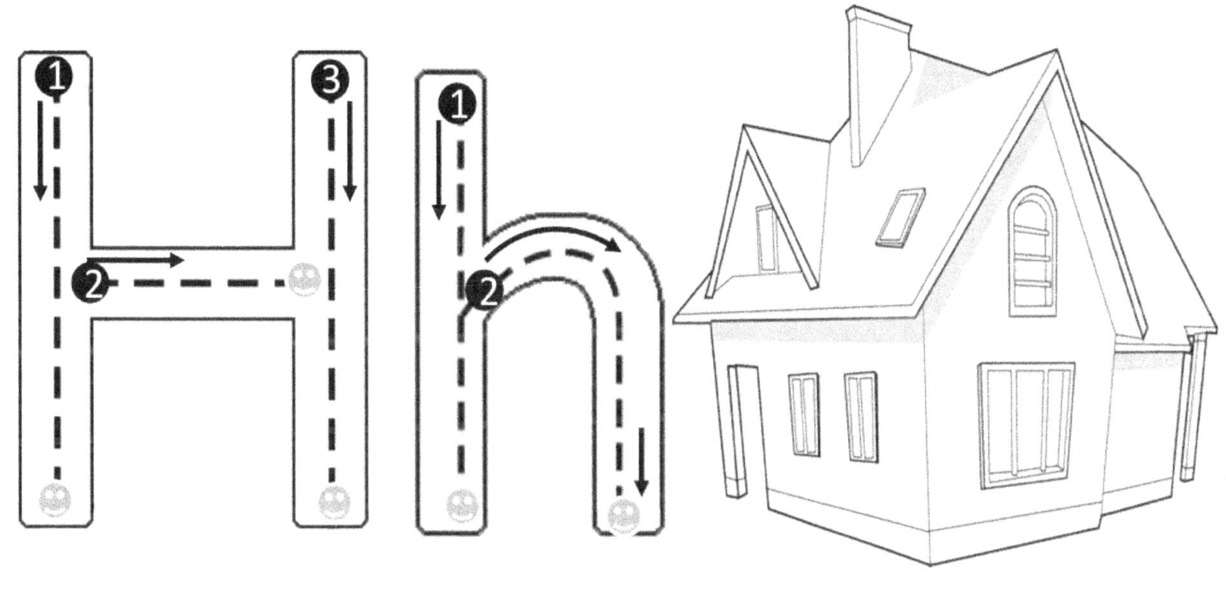

House

house

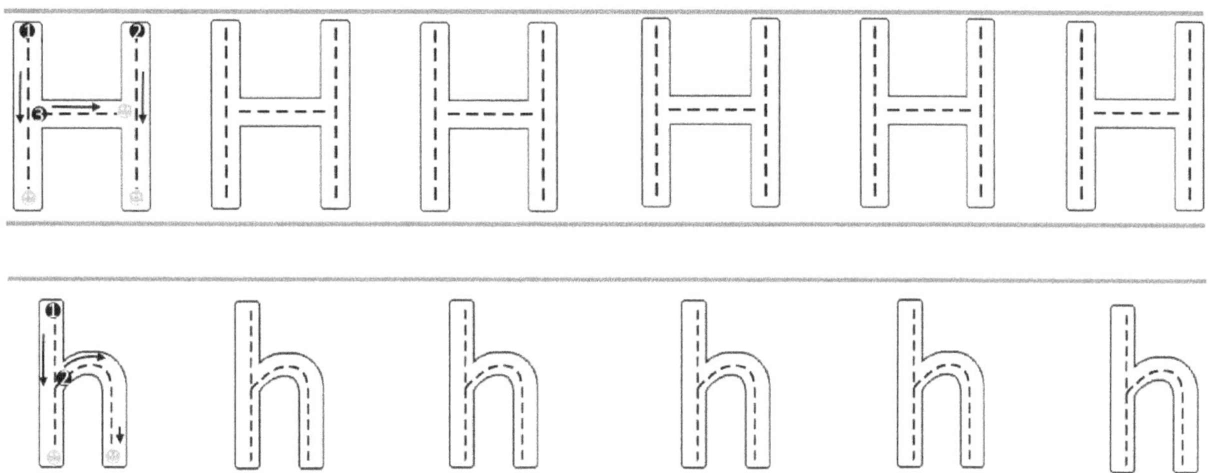

Aa Bb Cc Dd Ee Ff Gg Hh Ii Jj Kk Ll Mm Nn Oo Pp Qq Rr Ss Tt Uu Vv Ww Xx Yy Zz

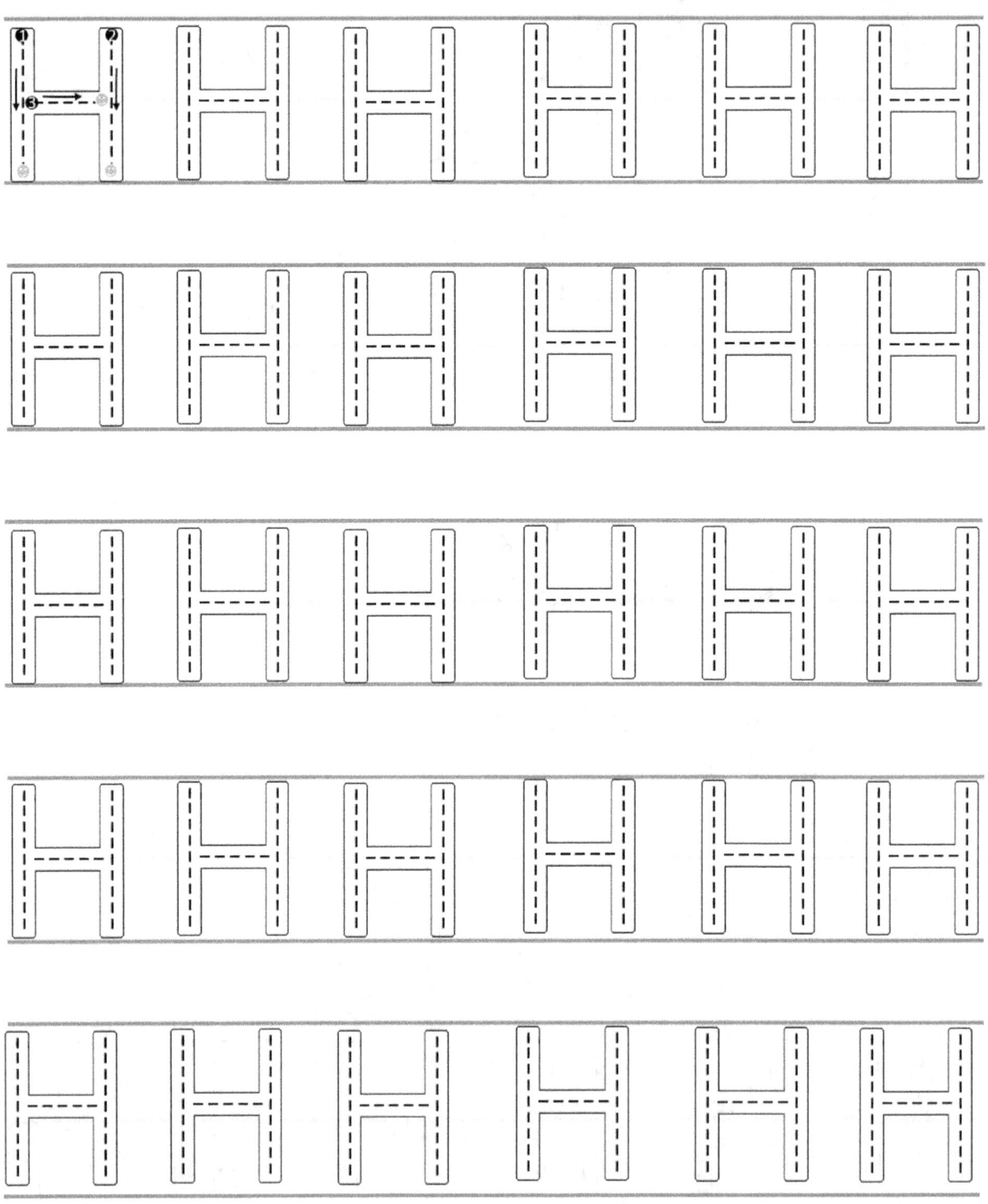

A B C D E F G H I J K L M N O P Q R S T U V W X Y Z

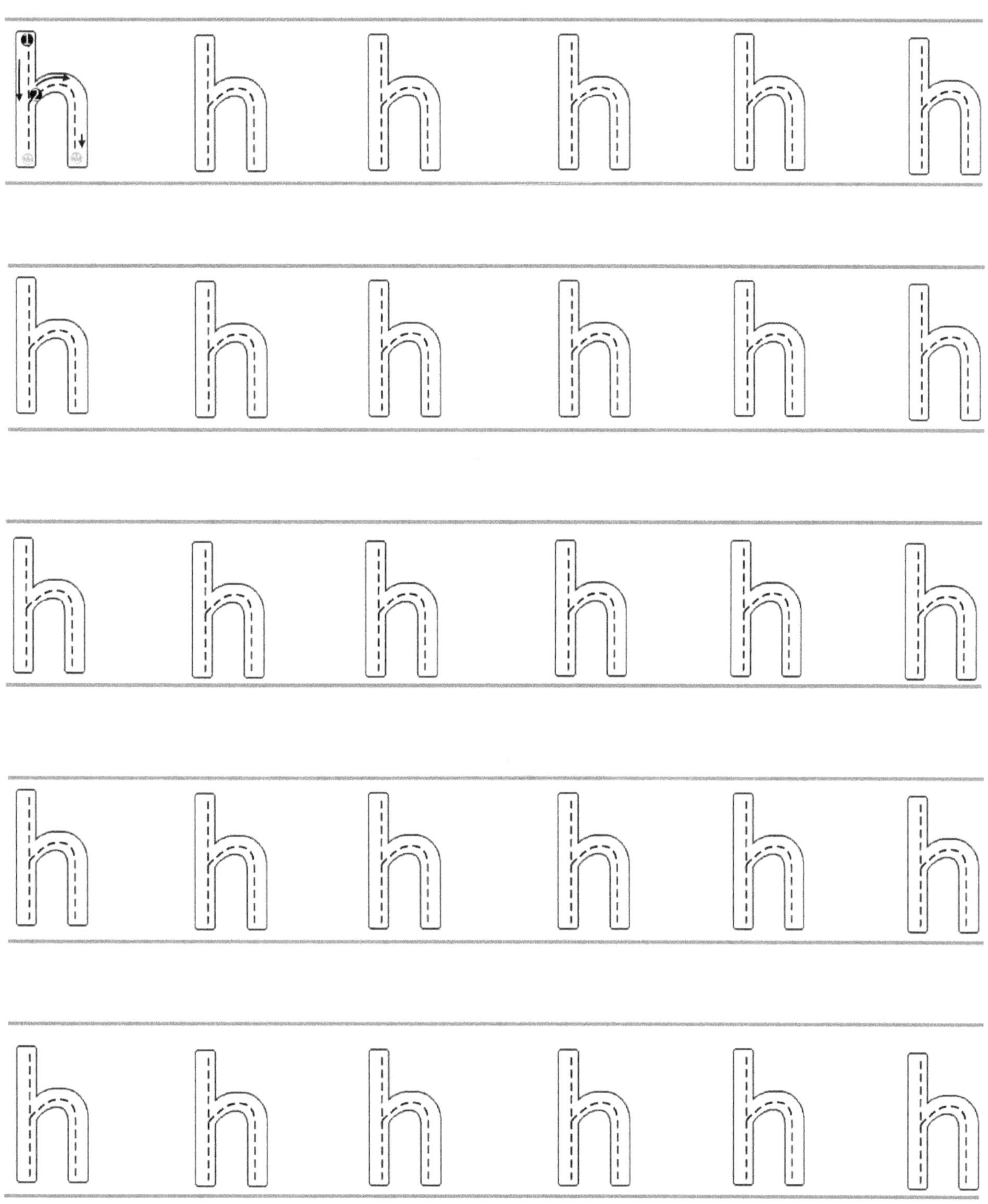

a b c d e f g **h** j k l m n o p q r s t u v w x y z

Ice cream
ice cream

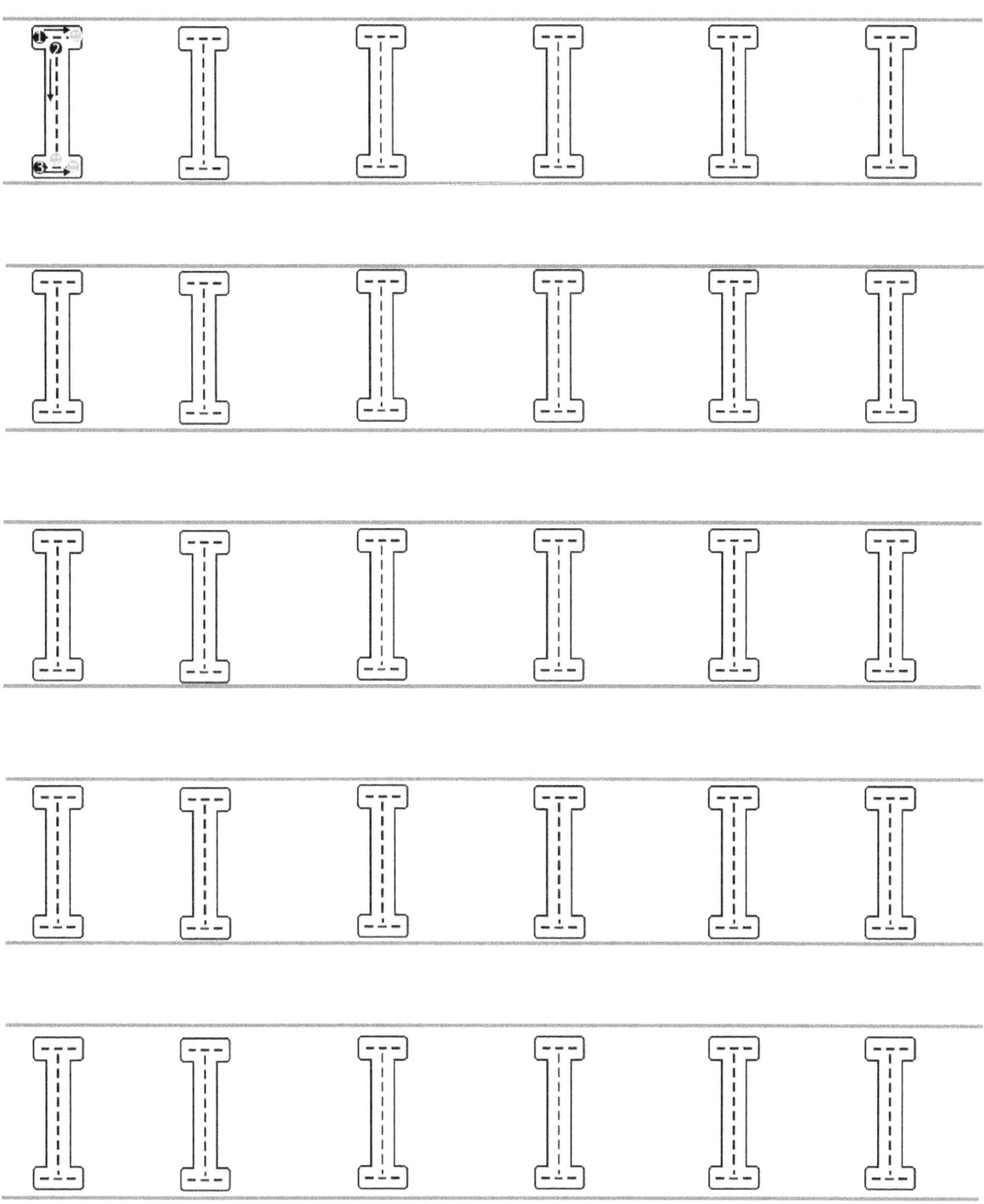

A B C D E F G H **I** J K L M N O P Q R S T U V W X Y Z

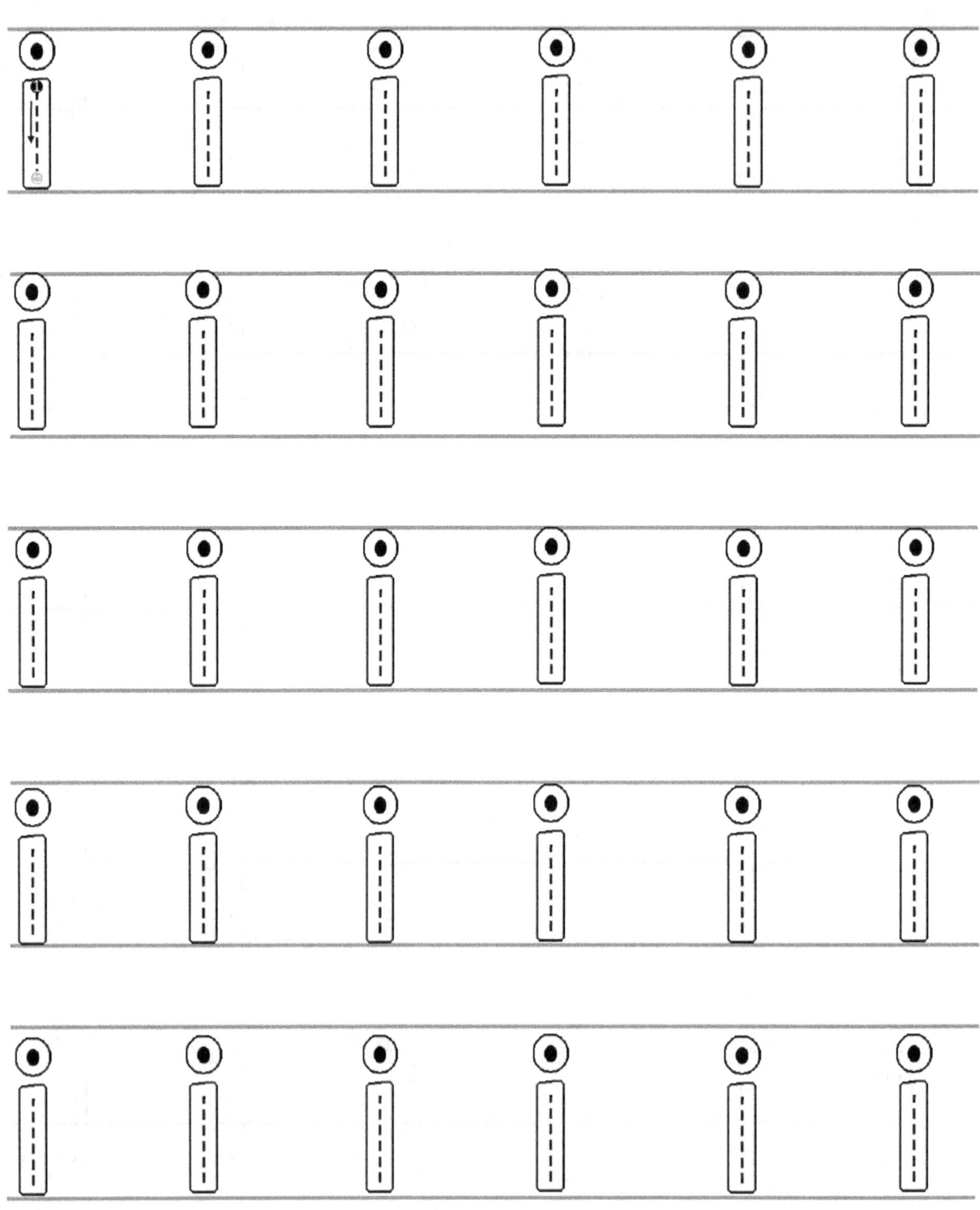

a b c d e f g h j i k l m n o p q r s t u v w x y z

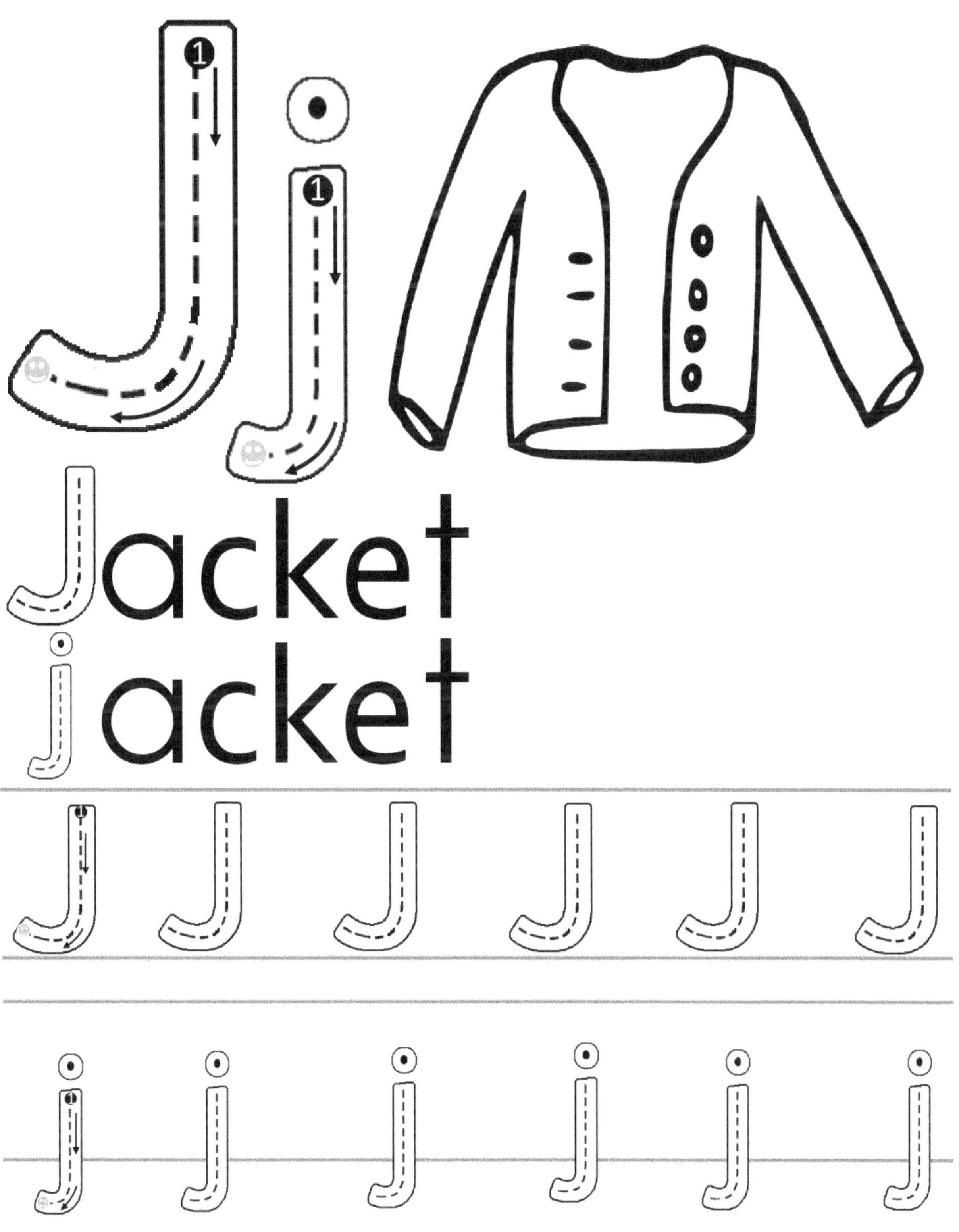
Jacket
jacket
Aa Bb Cc Dd Ee Ff Gg Hh Ii Jj Kk Ll Mm Nn Oo Pp Qq Rr Ss Tt Uu Vv Ww Xx Yy Zz

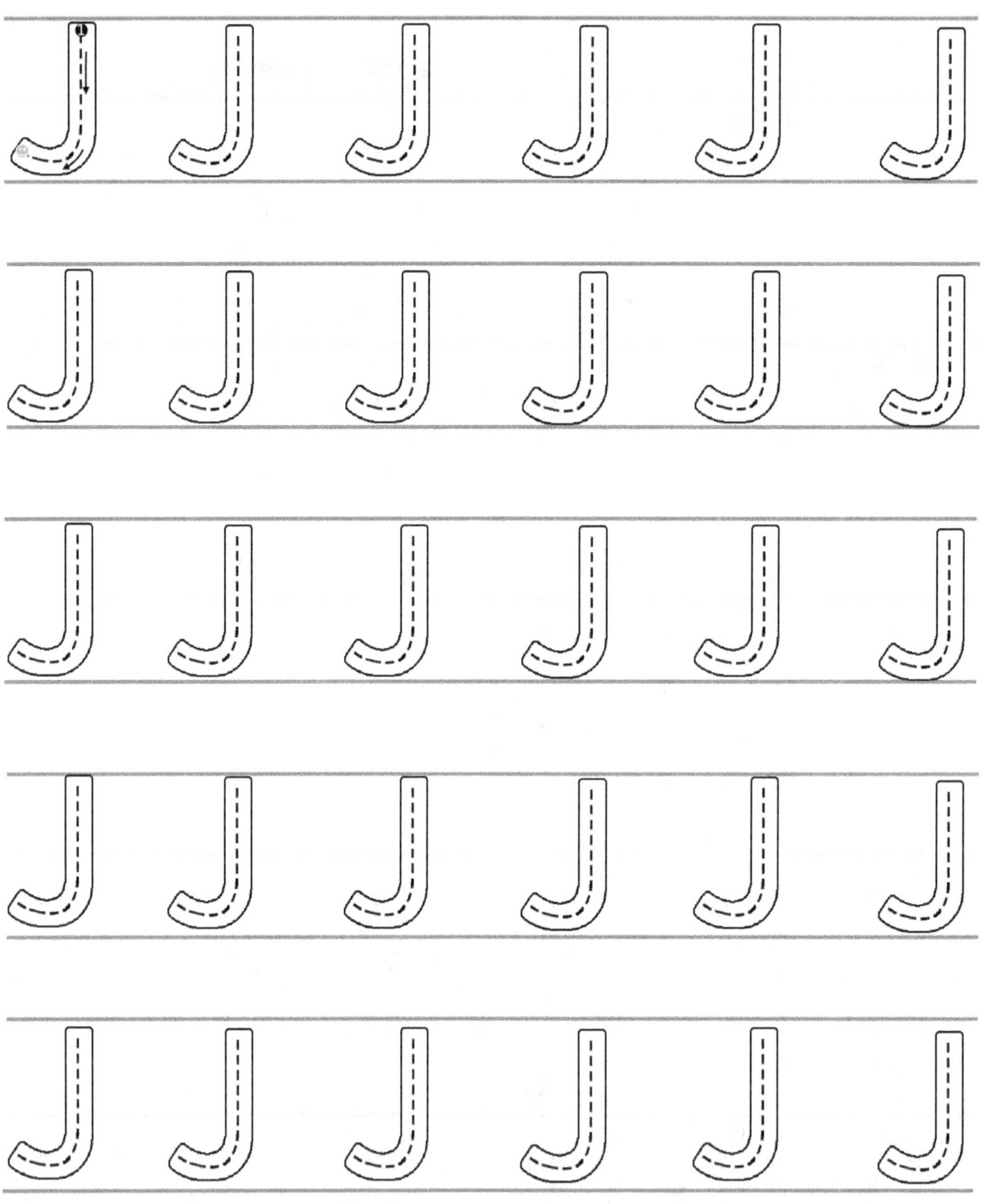

A B C D E F G H [J] I K L M N O P Q R S T U V W X Y Z

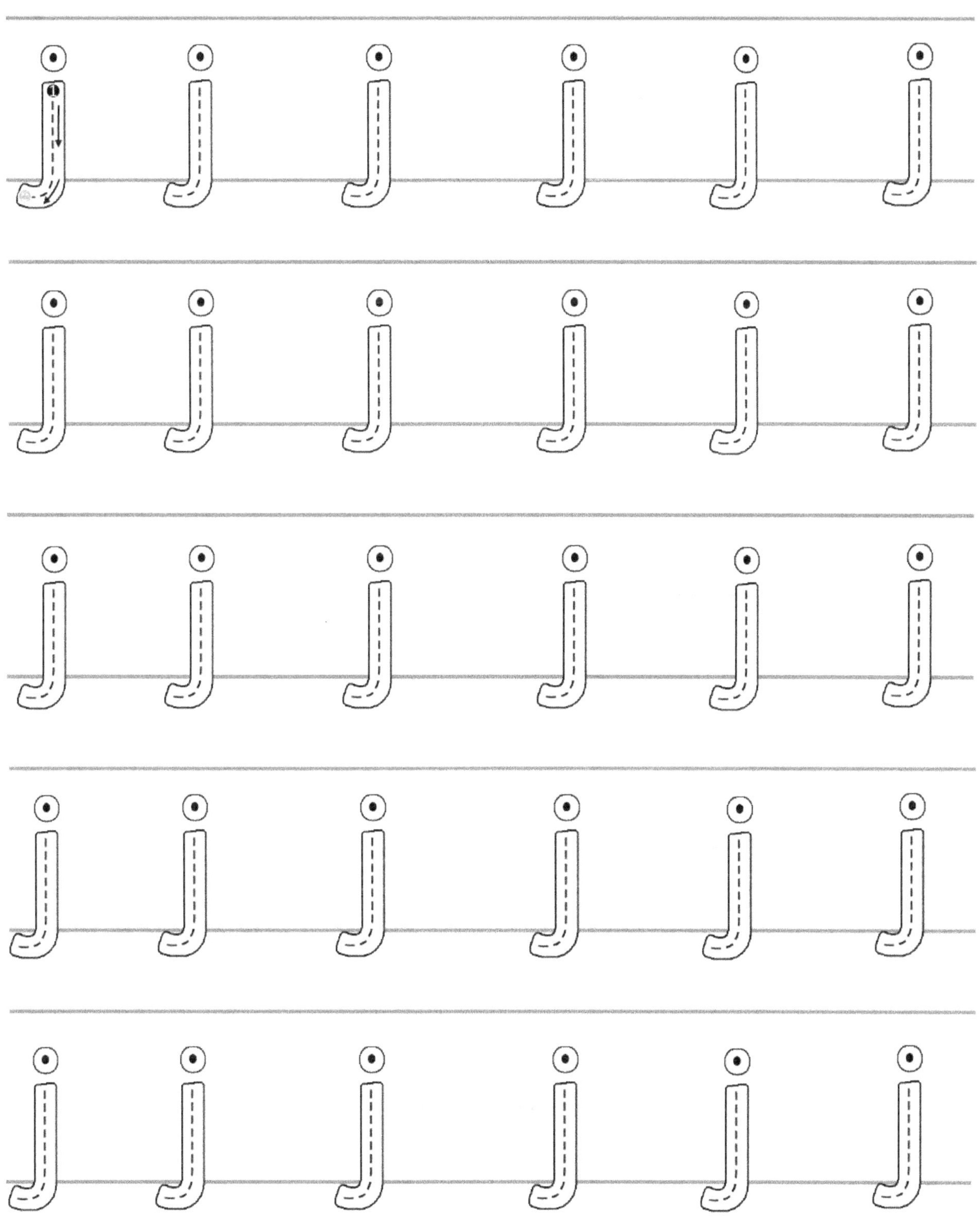

a b c d e f g h **j** k l m n o p q r s t u v w x y z

Kk
Key
key
Aa Bb Cc Dd Ee Ff Gg Hh Ii Jj Kk Ll Mm Nn Oo Pp Qq Rr Ss Tt Uu Vv Ww Xx Yy Zz

A B C D E F G H J I K L M N O P Q R S T U V W X Y Z

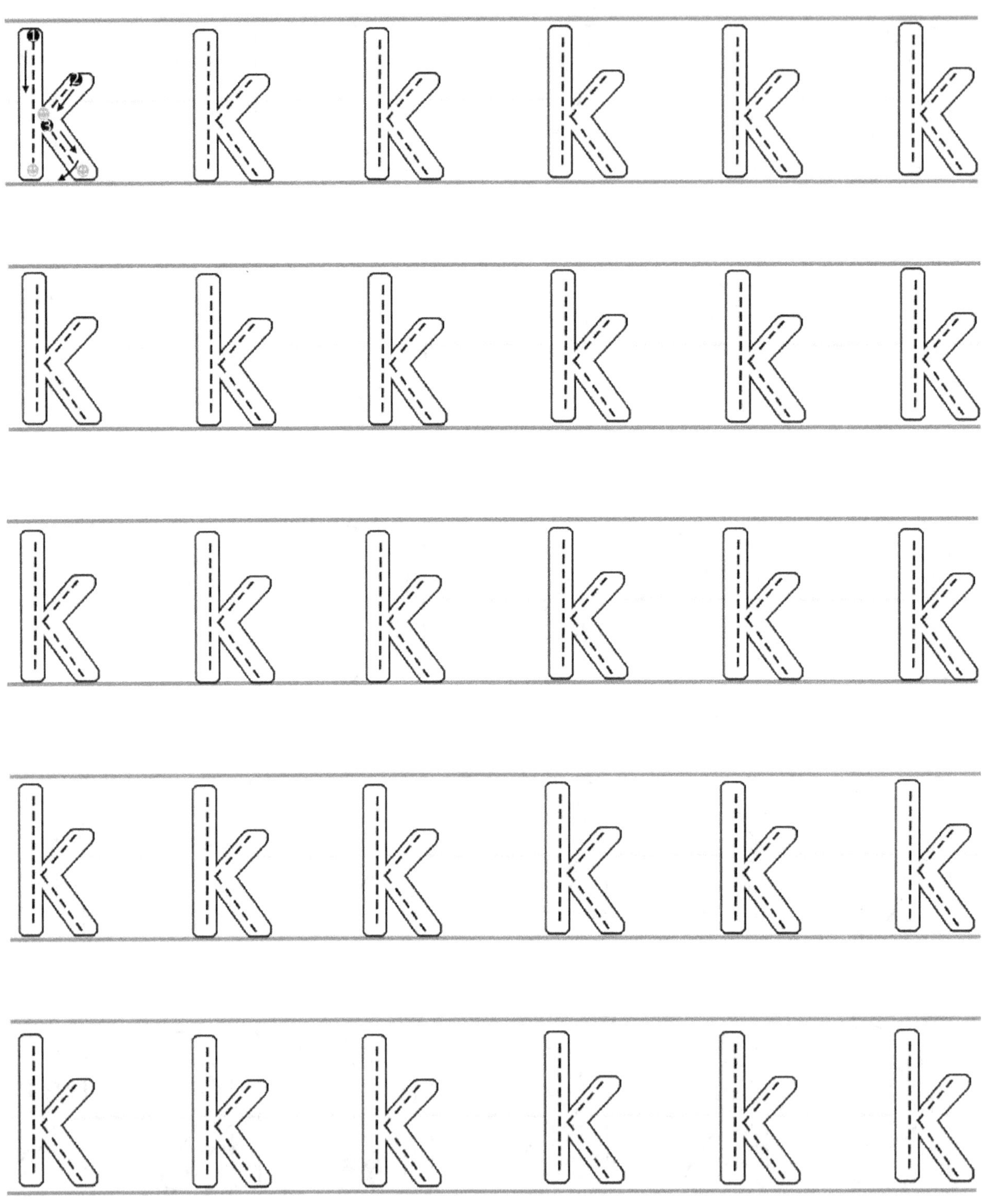

a b c d e f g h j i k l m n o p q r s t u v w x y z

Aa Bb Cc Dd Ee Ff Gg Hh Ii Jj Kk Ll Mm Nn Oo PpQq Rr Ss Tt Uu Vv Ww Xx Yy Zz

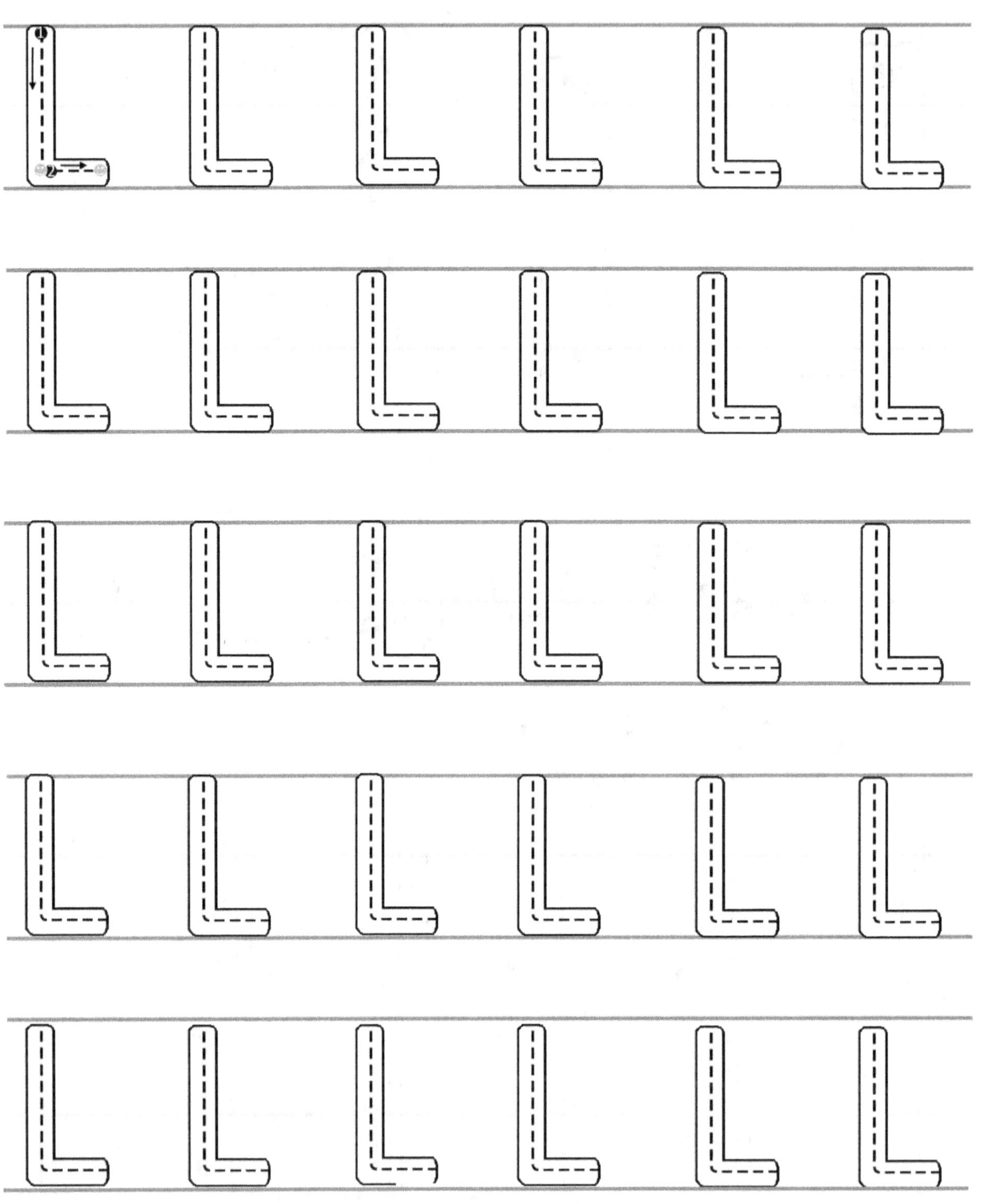

A B C D E F G H J I K L M N O P Q R S T U V W X Y Z

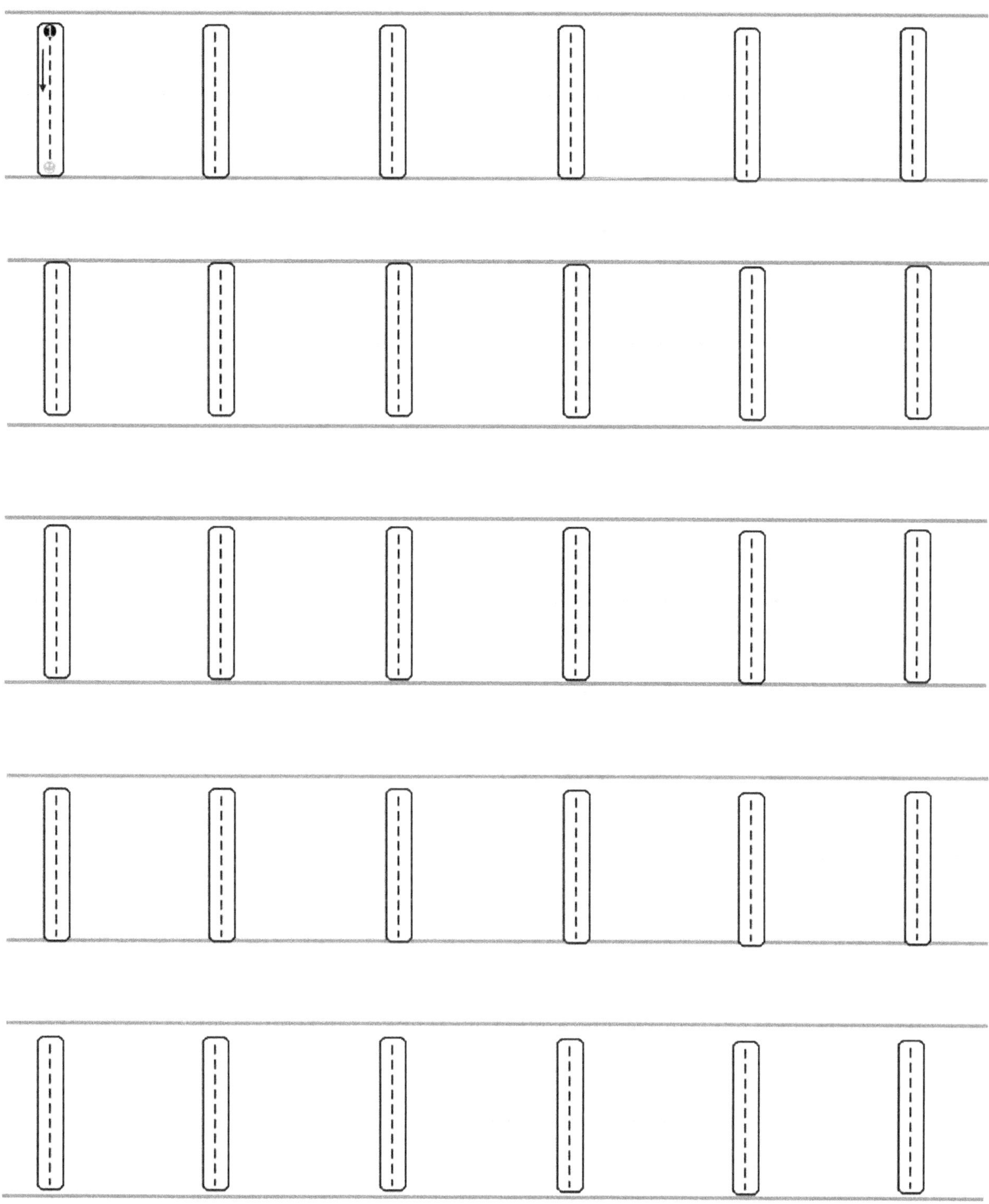

a b c d e f g h j i k l m n o p q r s t u v w x y z

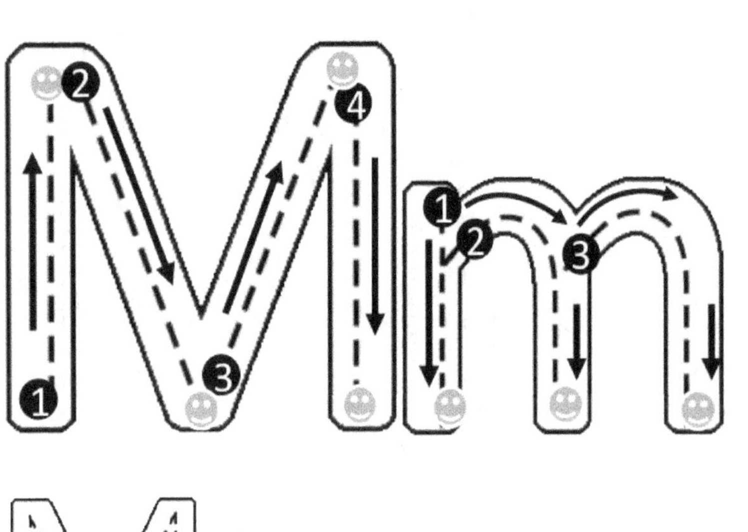

Mitten
mitten

Aa Bb Cc Dd Ee Ff Gg Hh Ii Jj Kk Ll Mm Nn Oo Pp Qq Rr Ss Tt Uu Vv Ww Xx Yy Zz

A B C D E F G H J I K L M N O P Q R S T U V W X Y Z

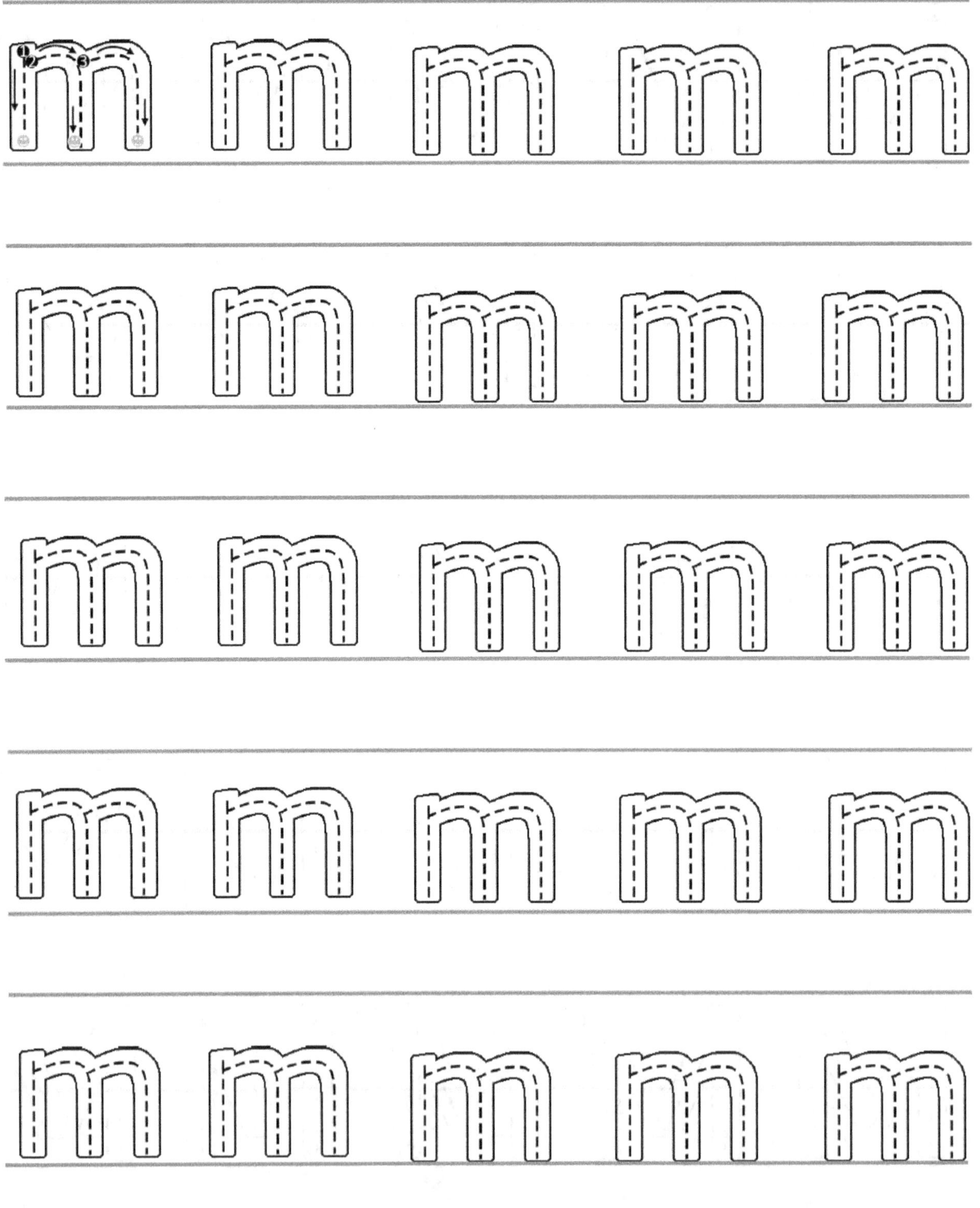

a b c d e f g h j i k l m n o p q r s t u v w x y z

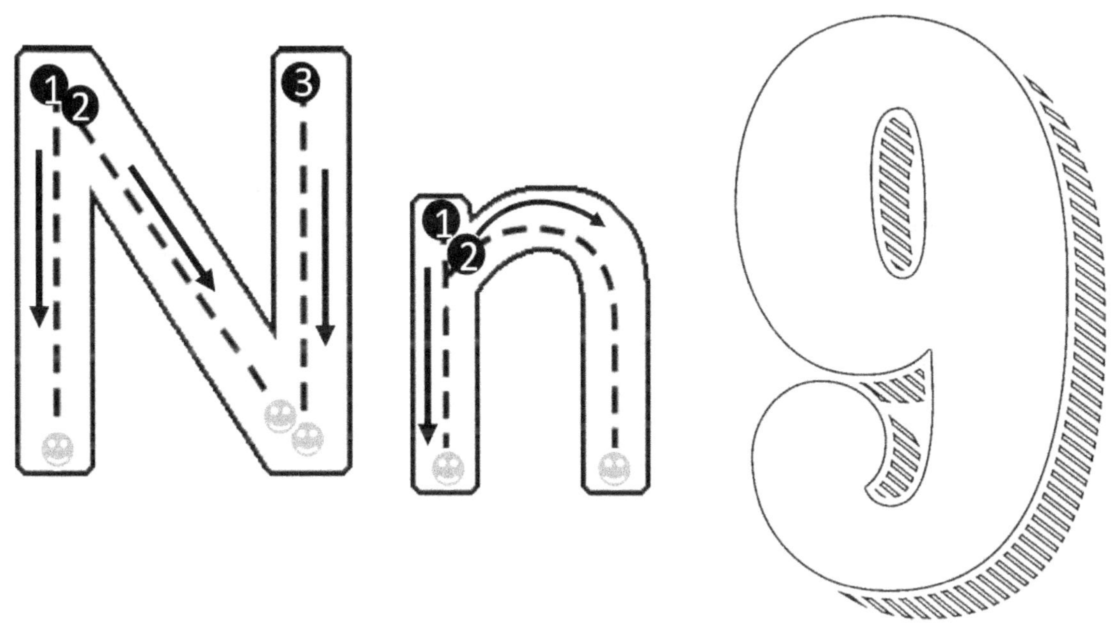

Nine

nine

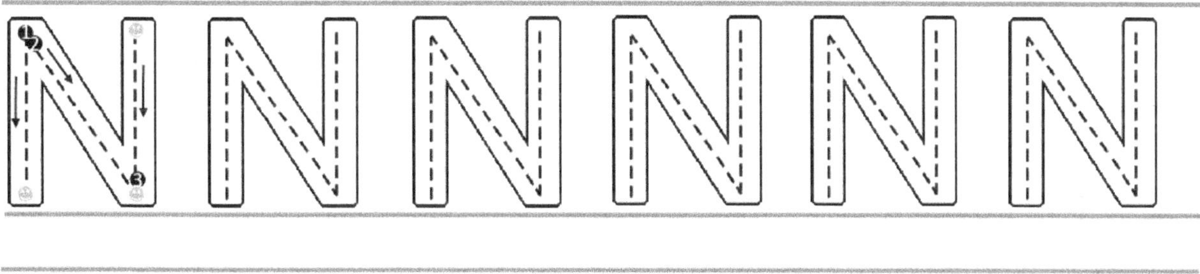

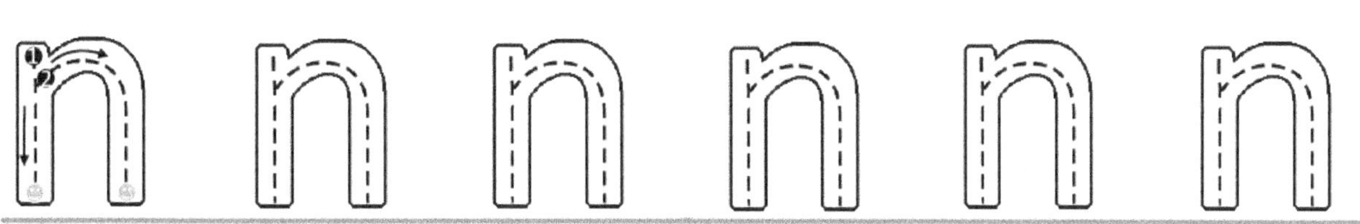

Aa Bb Cc Dd Ee Ff Gg Hh Ii Jj Kk Ll Mm Nn Oo Pp Qq Rr Ss Tt Uu Vv Ww Xx Yy Zz

A B C D E F G H I J K L M N O P Q R S T U V W X Y Z

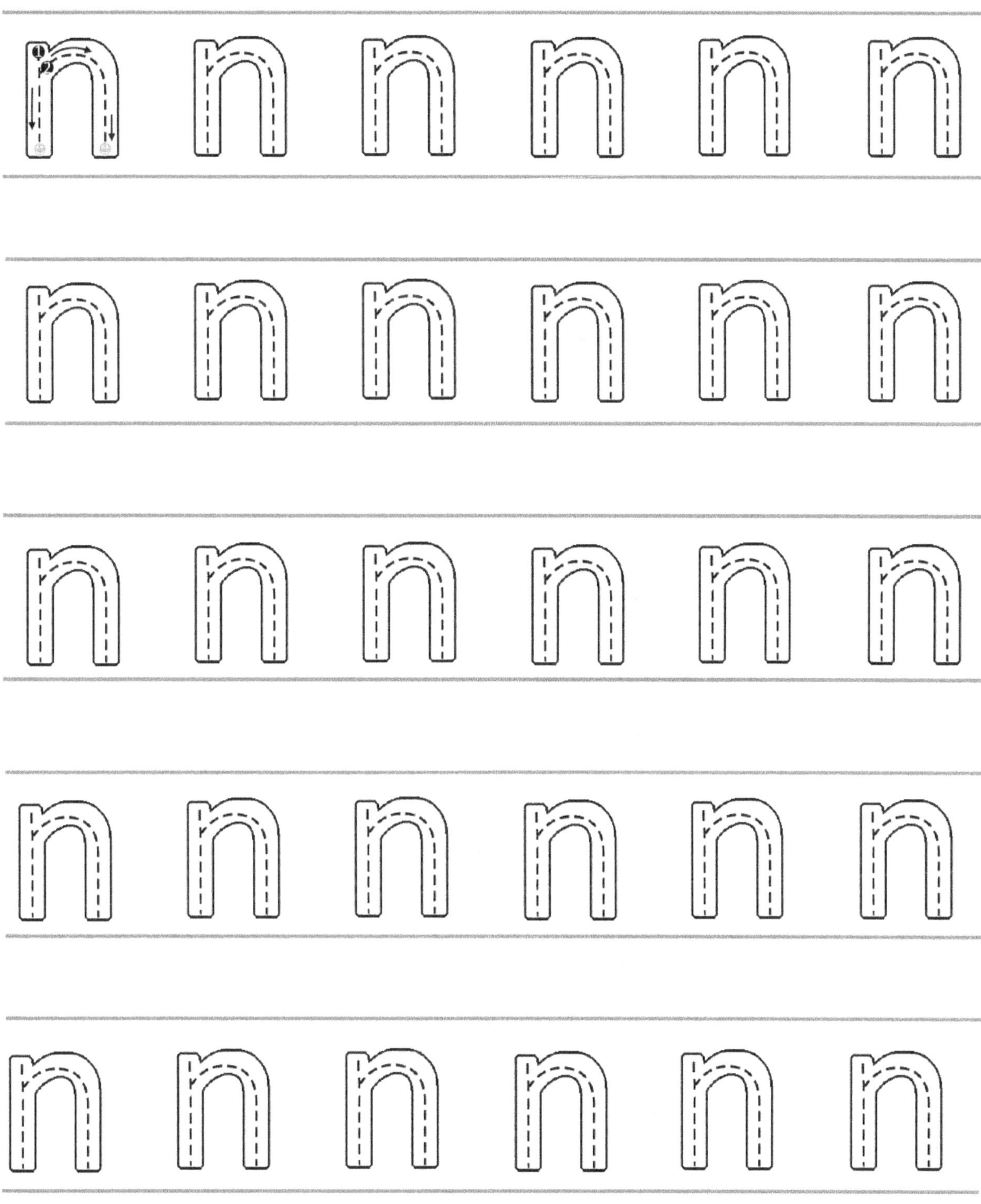

a b c d e f g h i j k l m n o p q r s t u v w x y z

Oo

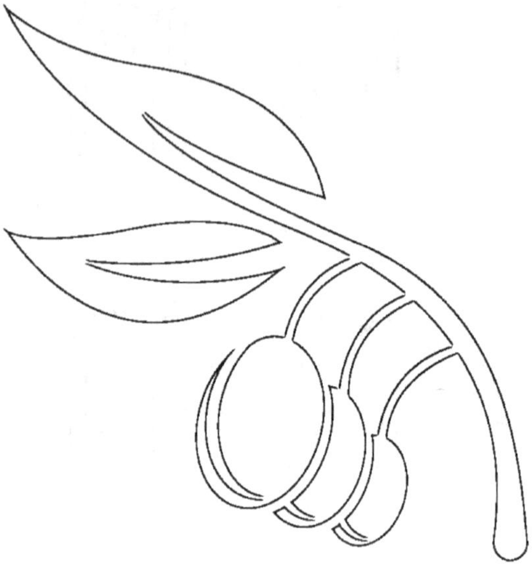

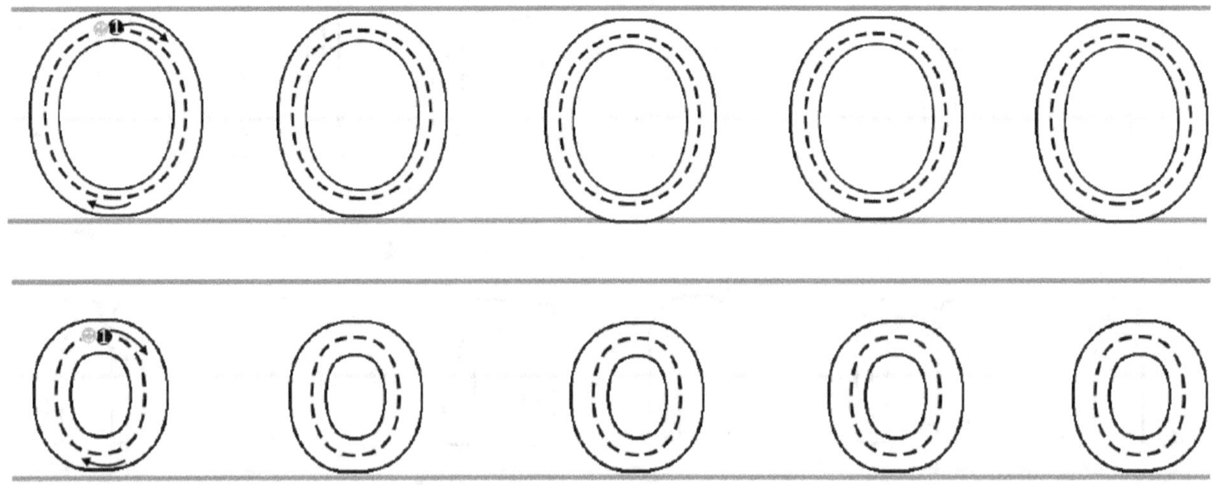

Olive
olive

O O O O O

o o o o o

Aa Bb Cc Dd Ee Ff Gg Hh Ii Jj Kk Ll Mm Nn Oo Pp Qq Rr Ss Tt Uu Vv Ww Xx Yy Zz

A B C D E F G H J I K L M N O P Q R S T U V W X Y Z

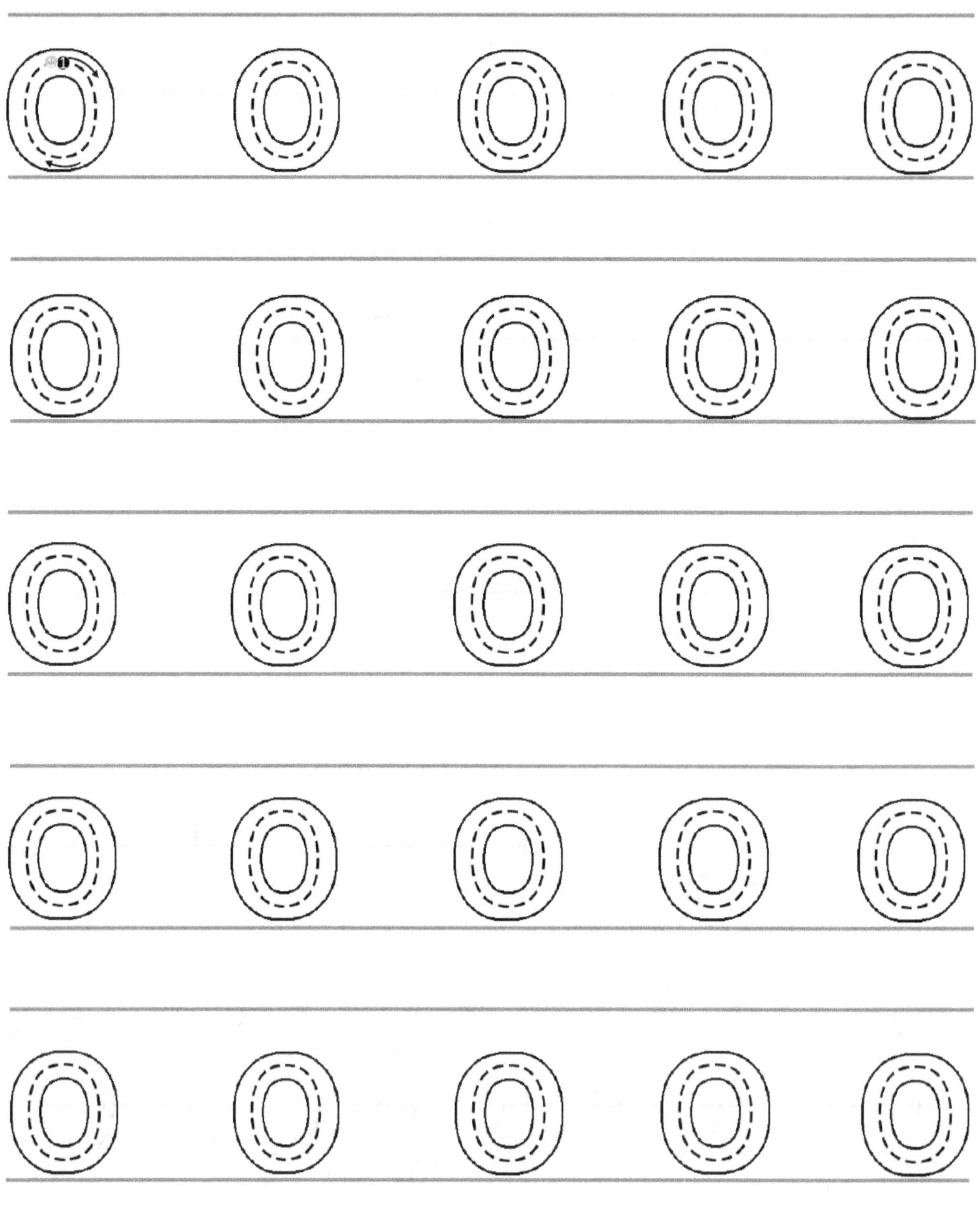

abcdef g hj i k l m n o p q r s t u v w x y z

Aa Bb Cc Dd Ee Ff Gg Hh Ii Jj Kk Ll Mm Nn Oo Pp Qq Rr Ss Tt Uu Vv Ww Xx Yy Zz

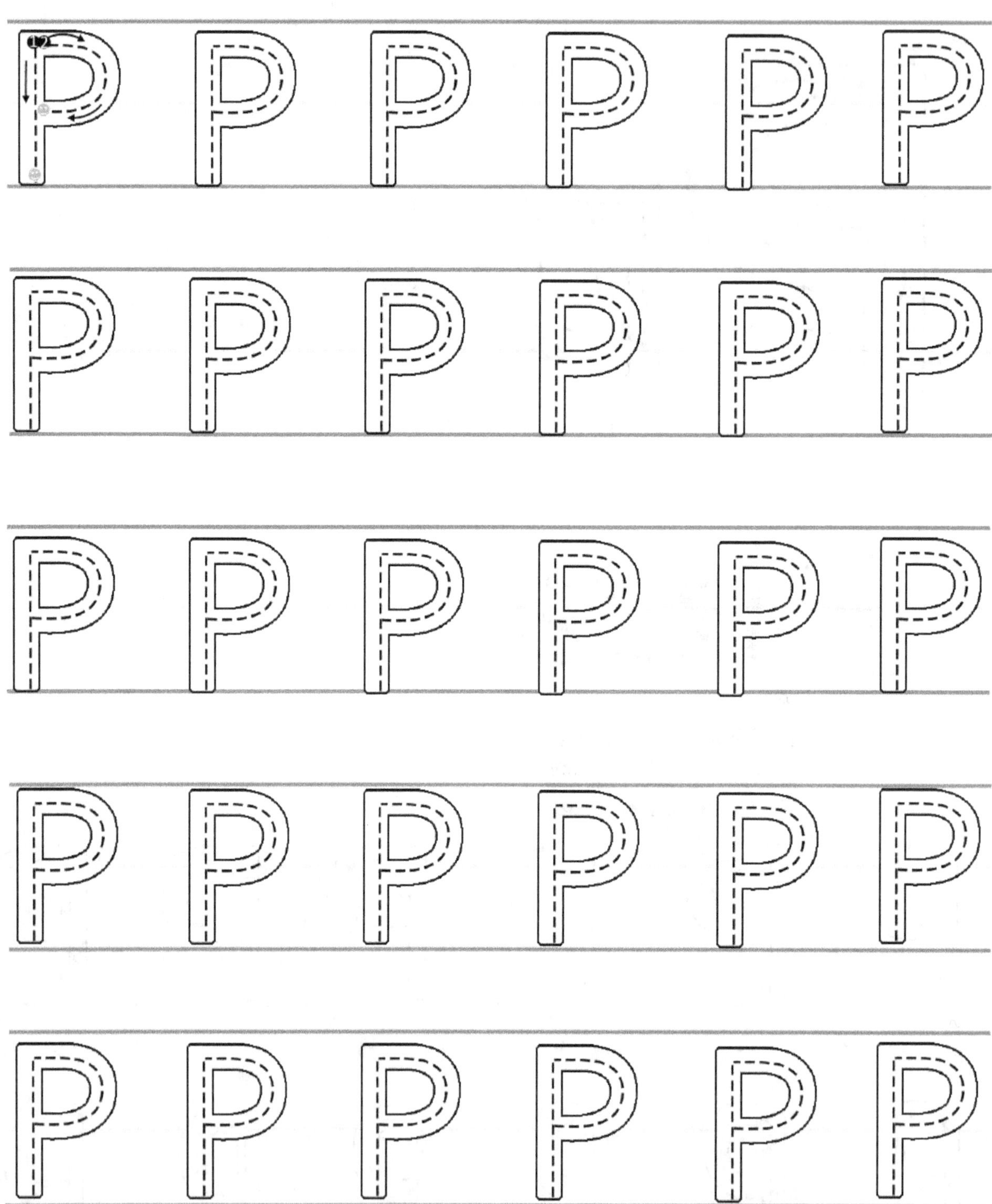

A B C D E F G H J I K L M N O P Q R S T U V W X Y Z

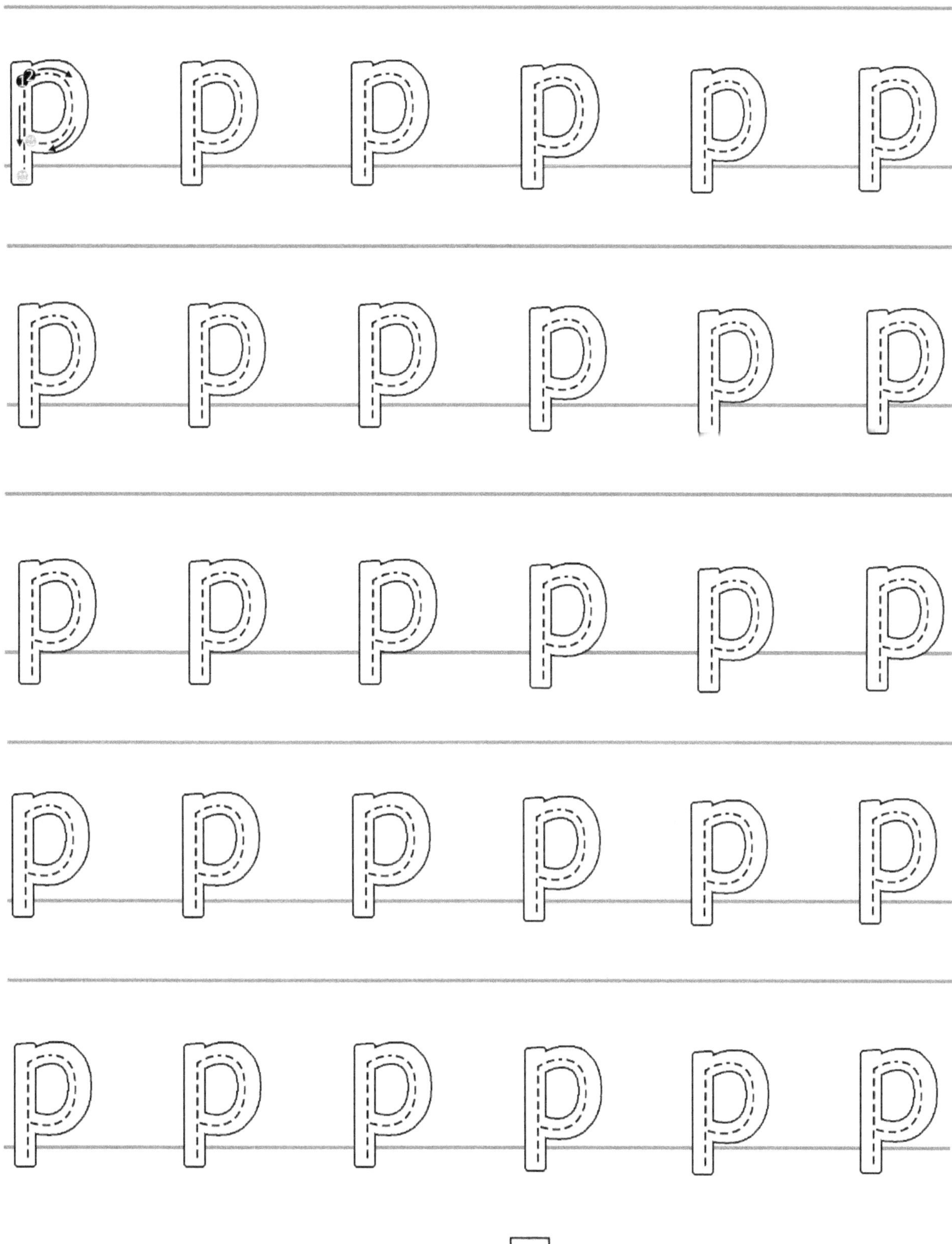

a b c d e f g h i j k l m n o p q r s t u v w x y z

Q q

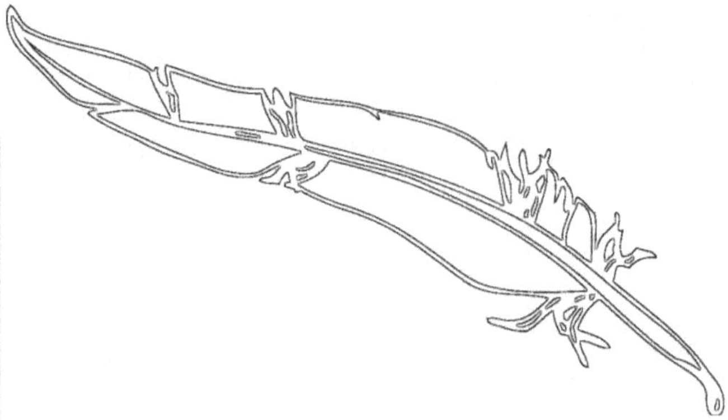

Quill

quill

Aa Bb Cc Dd Ee Ff Gg Hh Ii Jj Kk Ll Mm Nn Oo Pp Qq Rr Ss Tt Uu Vv Ww Xx Yy Zz

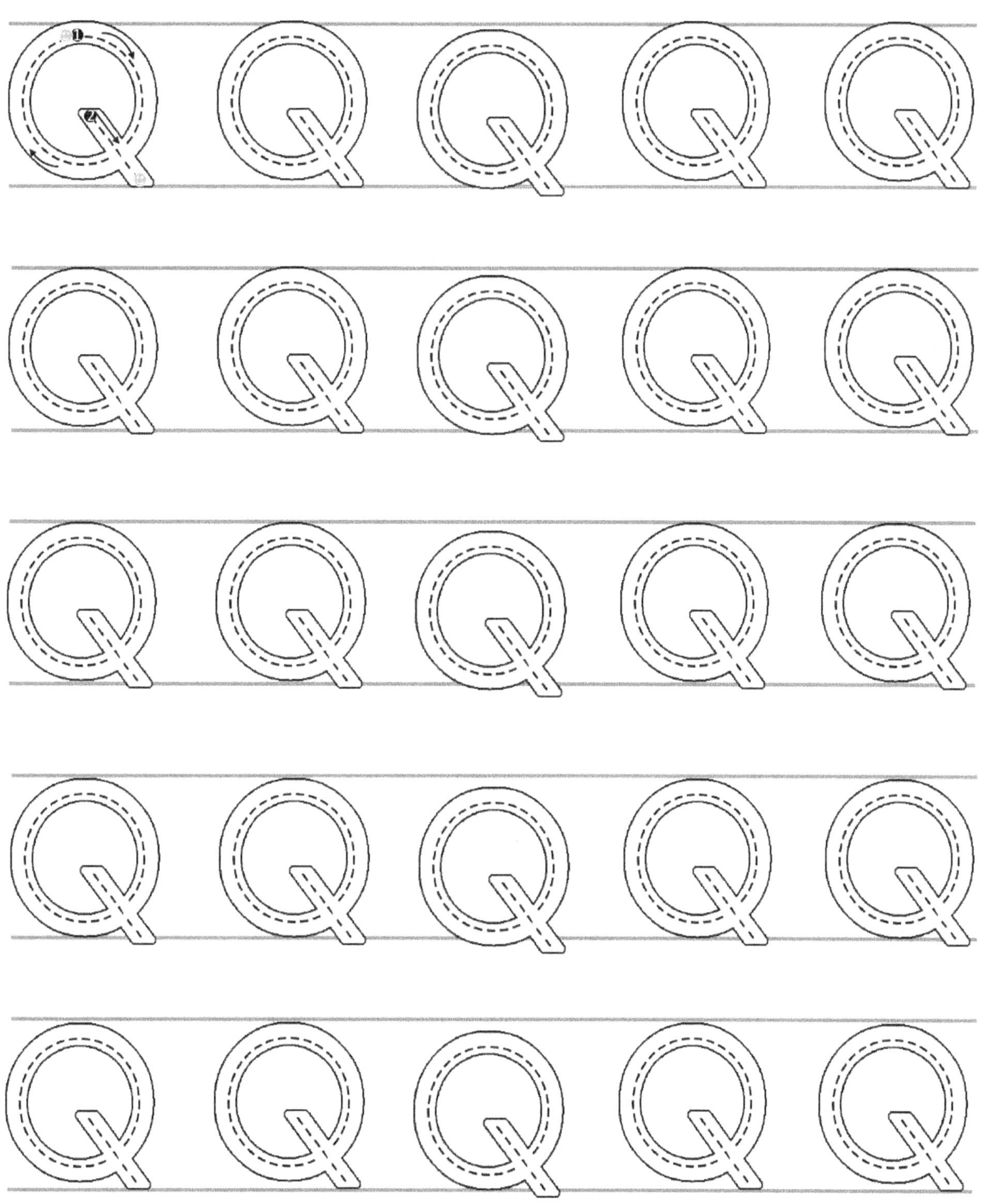

A B C D E F G H J I K L M N O P [Q] R S T U V W X Y Z

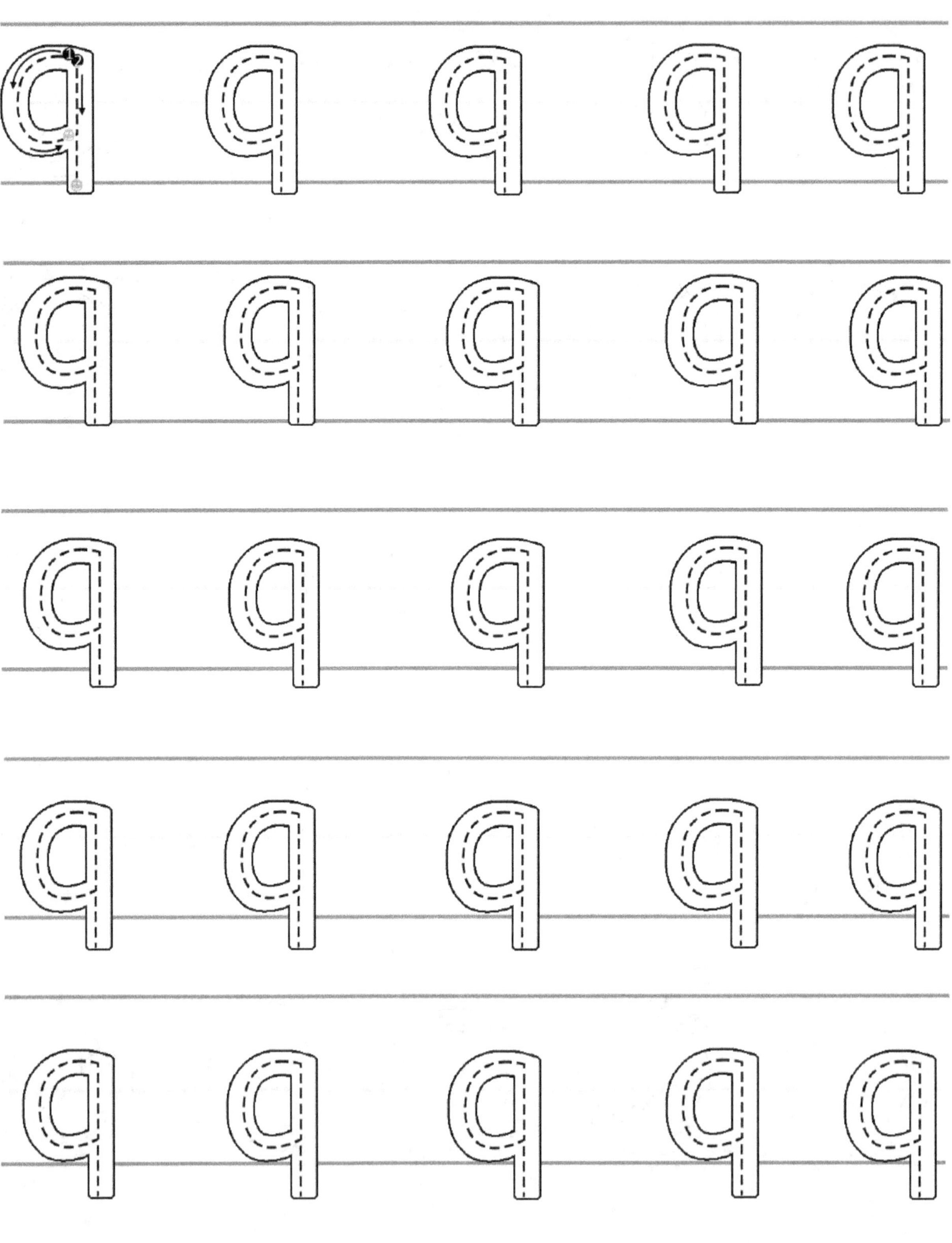

a b c d e f g h j i k l m n o p q r s t u v w x y z

Rr

R ocket

r ocket

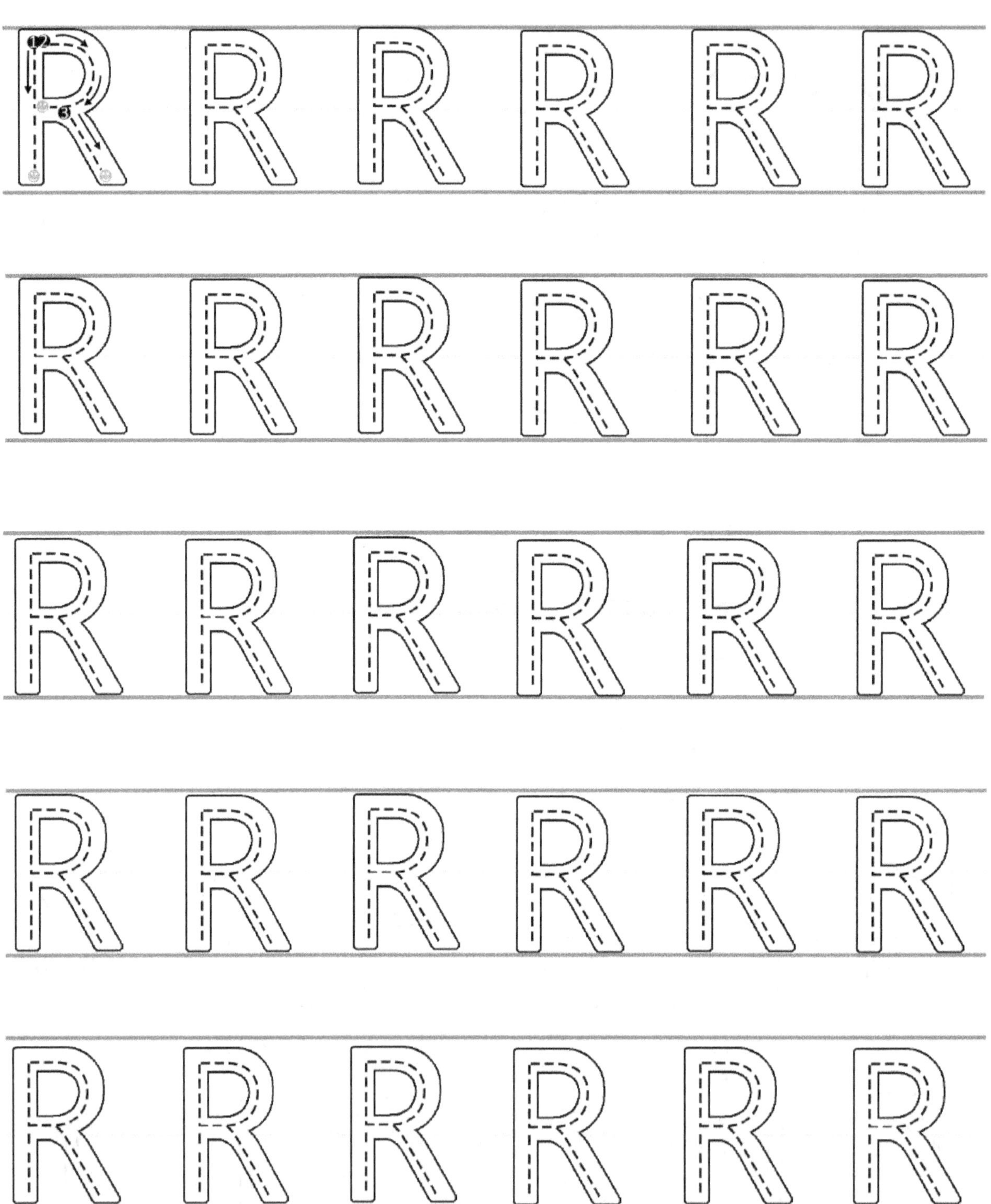

A B C D E F G H J I K L M N O P Q R S T U V W X Y Z

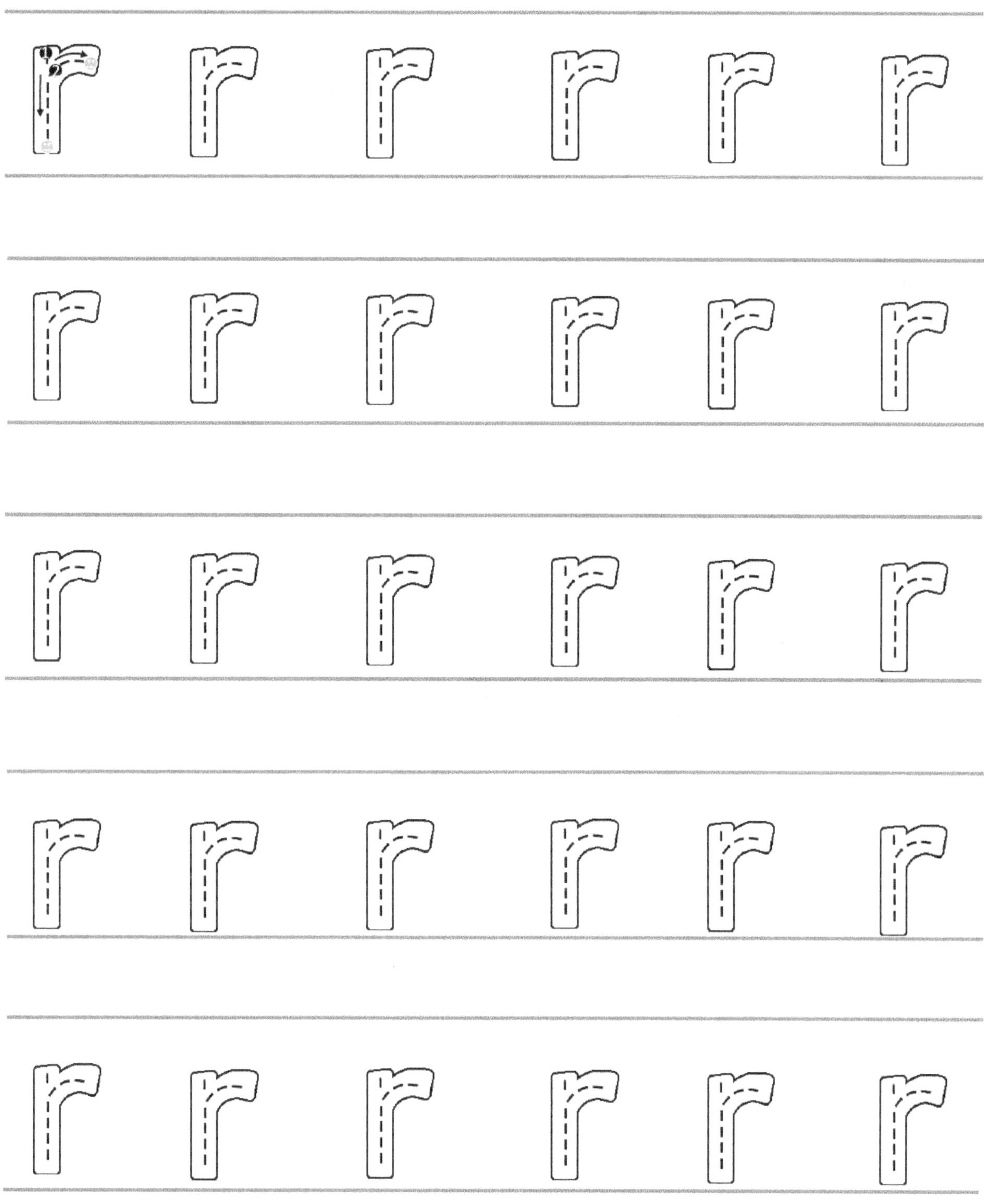

a b c d e f g h j i k l m n o p q r s t u v w x y z

Ss

Starwberry
Starwberry

S S S S S S

S S S S S S

Aa Bb Cc Dd Ee Ff Gg Hh Ii Jj Kk Ll Mm Nn Oo Pp Qq Rr | Ss | Tt Uu Vv Ww Xx Yy Zz

A B C D E F G H J I K L M N O P Q R S T U V W X Y Z

a b c d e f g h j i k l m n o p q r s t u v w x y z

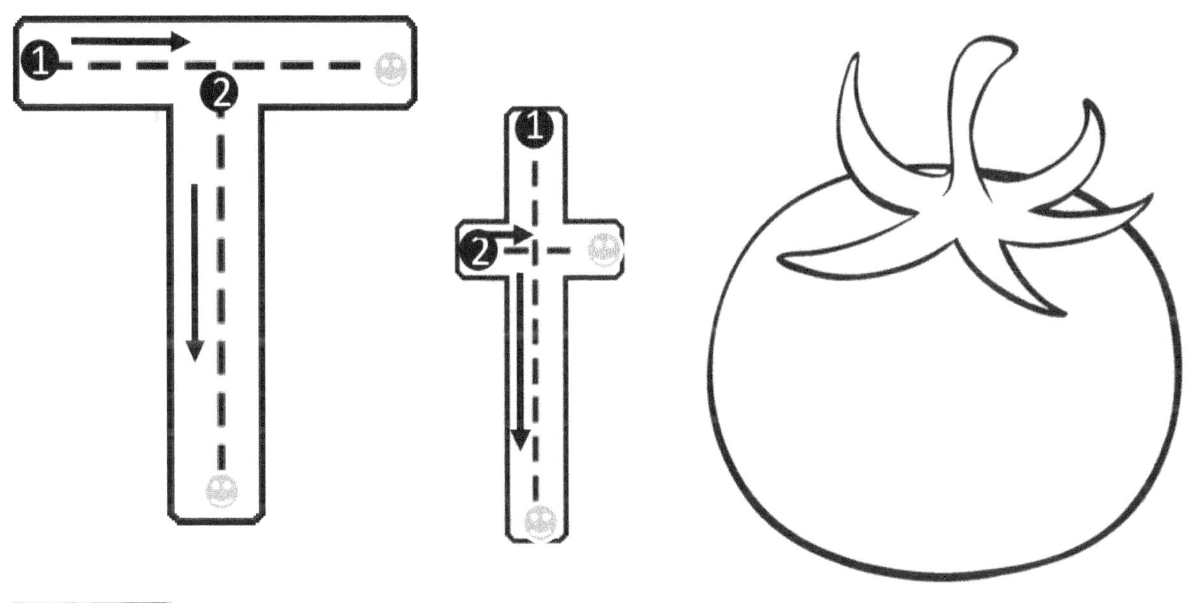

Tomato

tomato

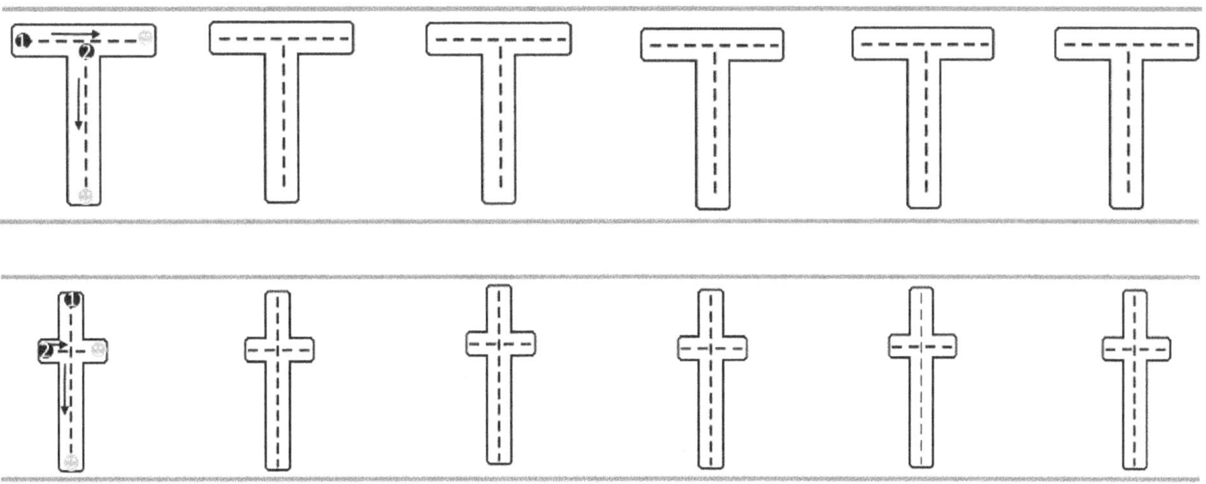

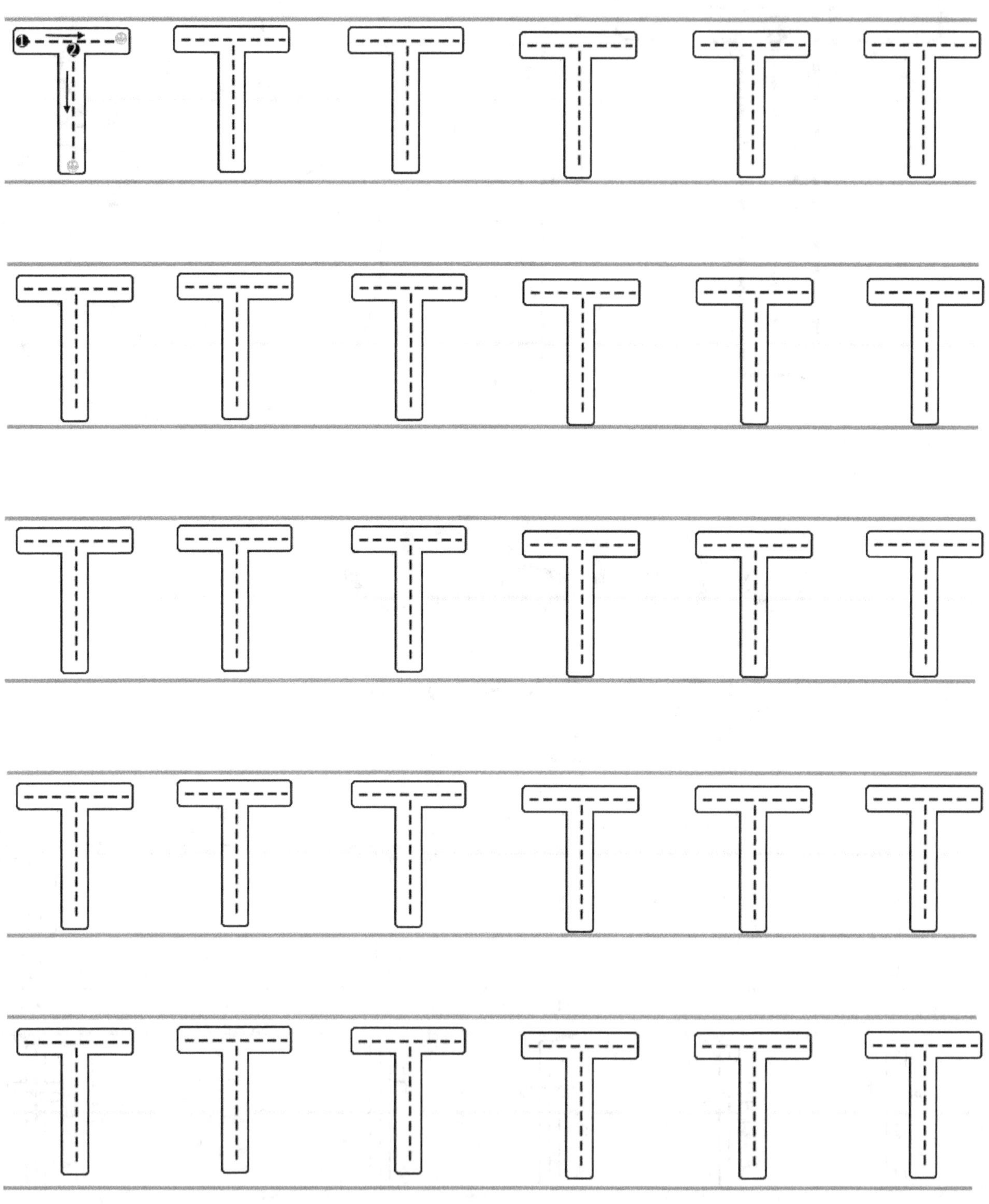

A B C D E F G H J I K L M N O P Q R S T U V W X Y Z

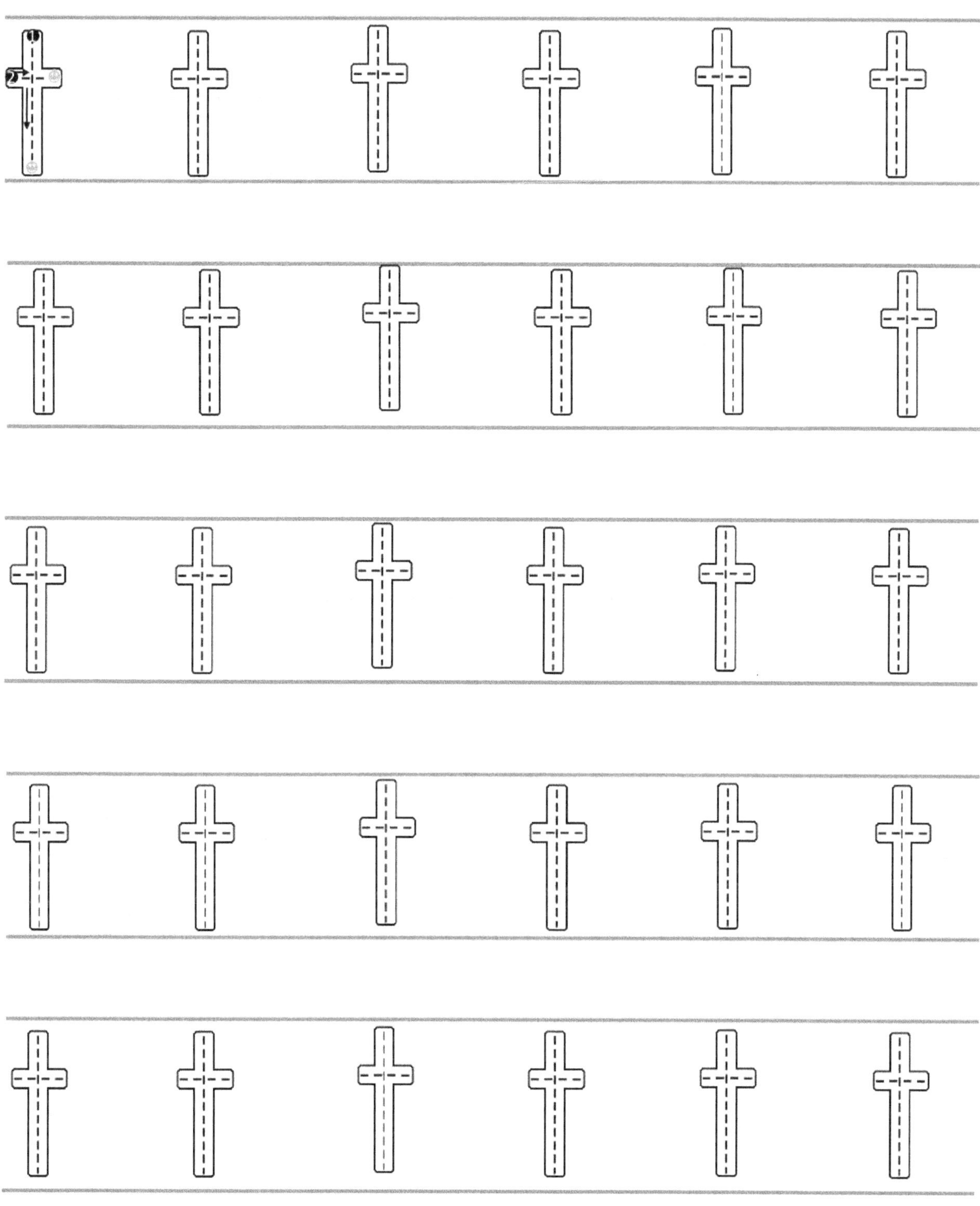

abcdefghijklmnopqrs[t]uvwxyz

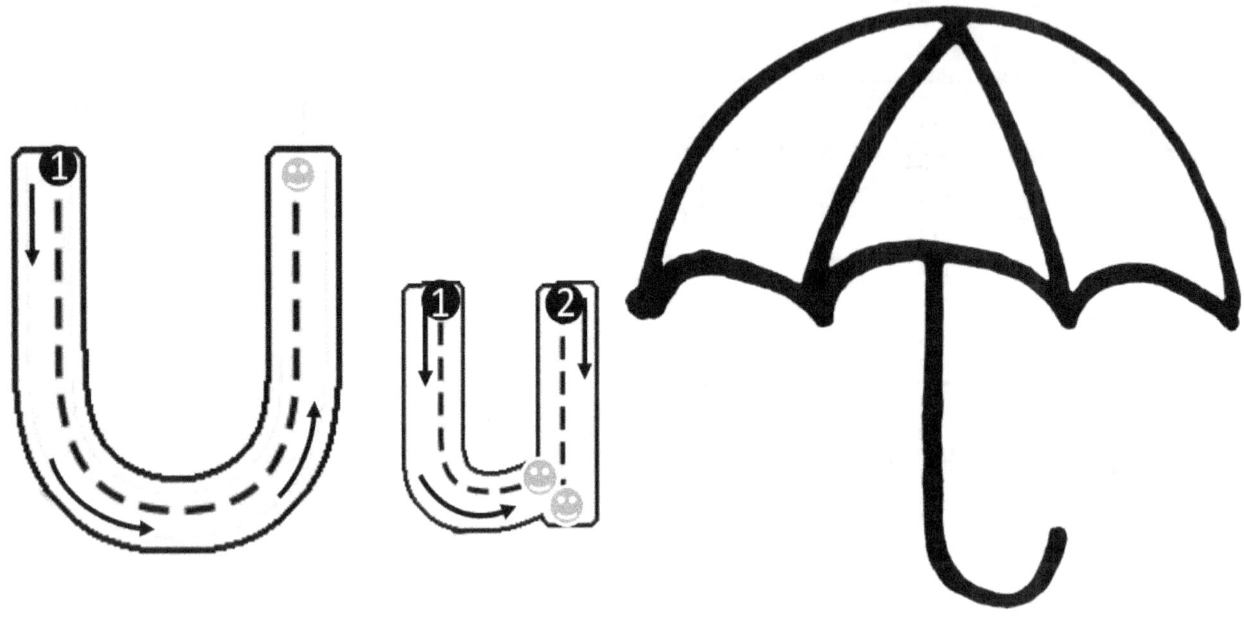

Umbrella

Umbrella

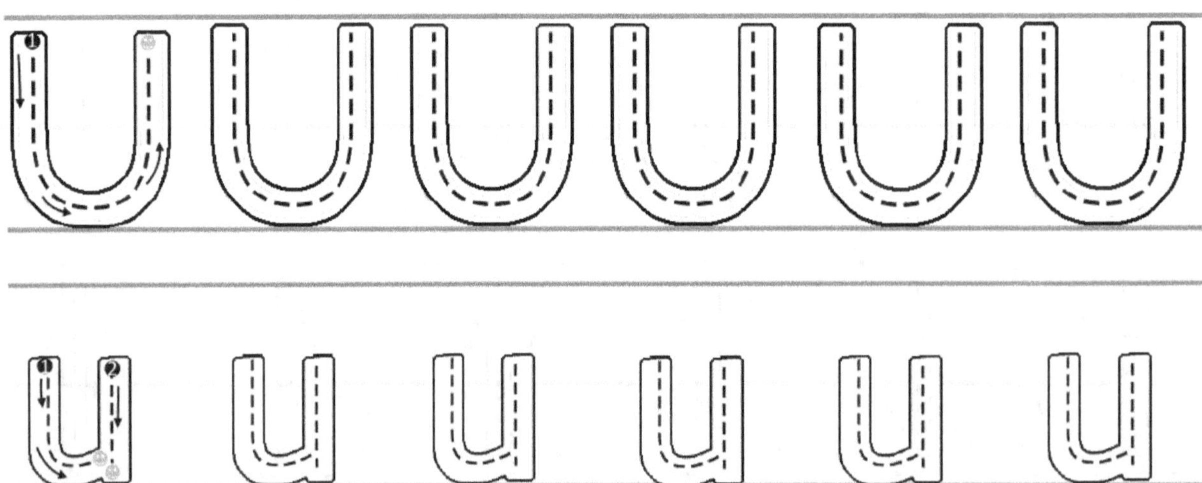

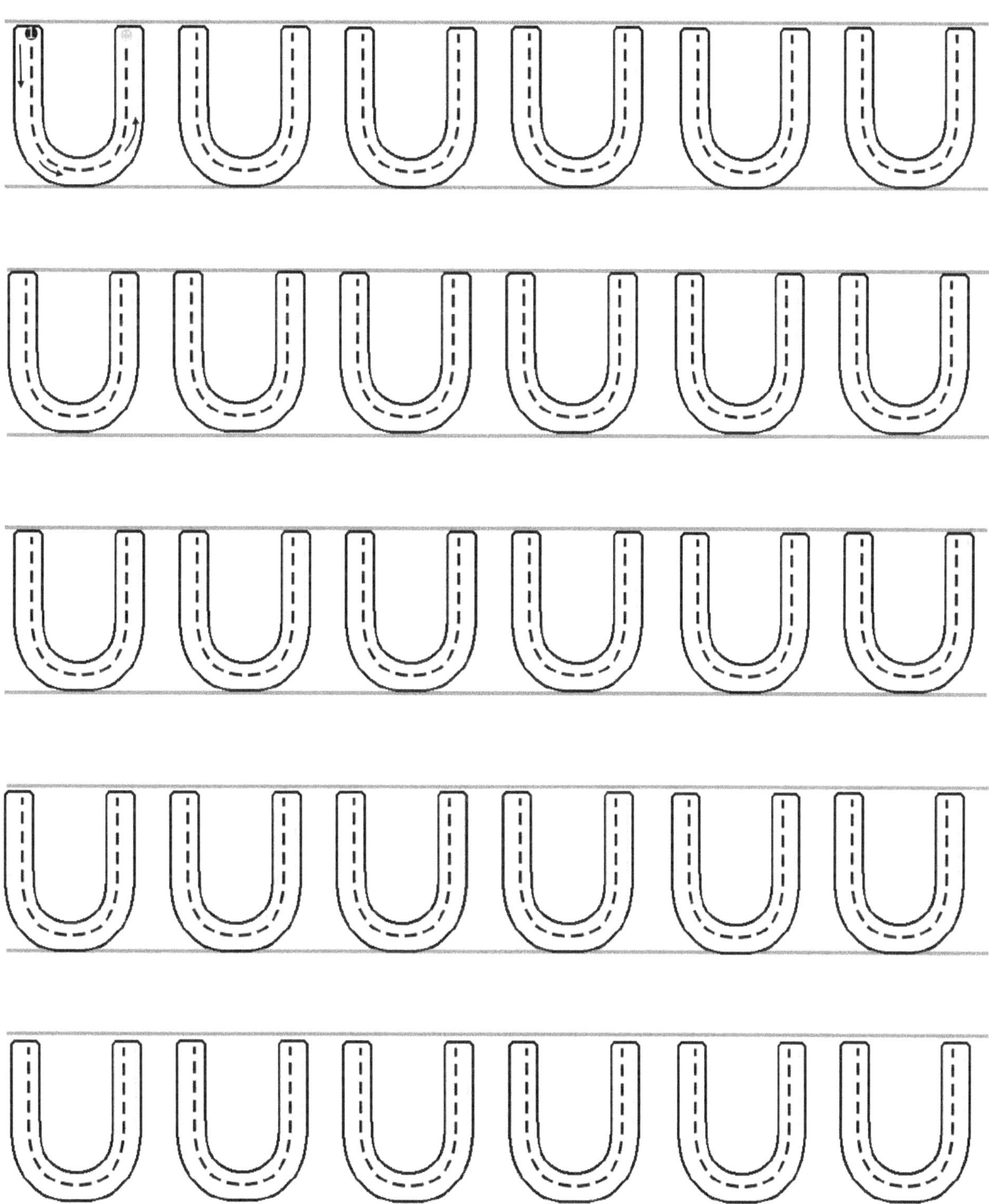

A B C D E F G H J I K L M N O P Q R S T U V W X Y Z

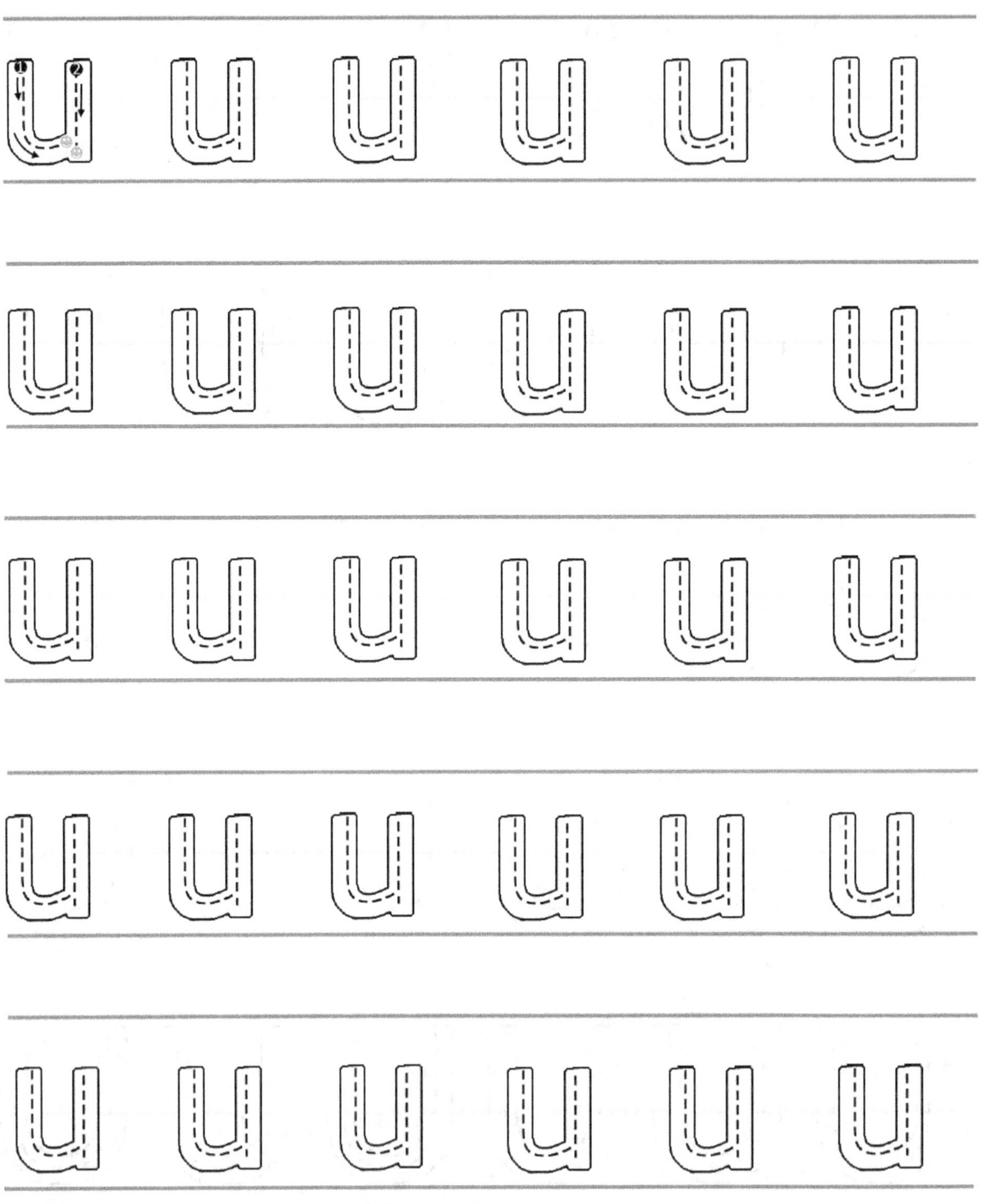

a b c d e f g h j i k l m n o p q r s t u v w x y z

Van
van

Aa Bb Cc Dd Ee Ff Gg Hh Ii Jj Kk Ll Mm Nn Oo Pp Qq Rr Ss Tt Uu Vv Ww Xx Yy Zz

A B C D E F G H J I K L M N O P Q R S T U V W X Y Z

a b c d e f g h j i k l m n o p q r s t u v w x y z

Ww

World
world

Aa Bb Cc Dd Ee Ff Gg Hh Ii Jj Kk Ll Mm Nn Oo Pp Qq Rr Ss Tt Uu Vv Ww Xx Yy Zz

A B C D E F G H J I K L M N O P Q R S T U V W X Y Z

a b c d e f g h j i k l m n o p q r s t u v w x y z

Xylophone
xylophone

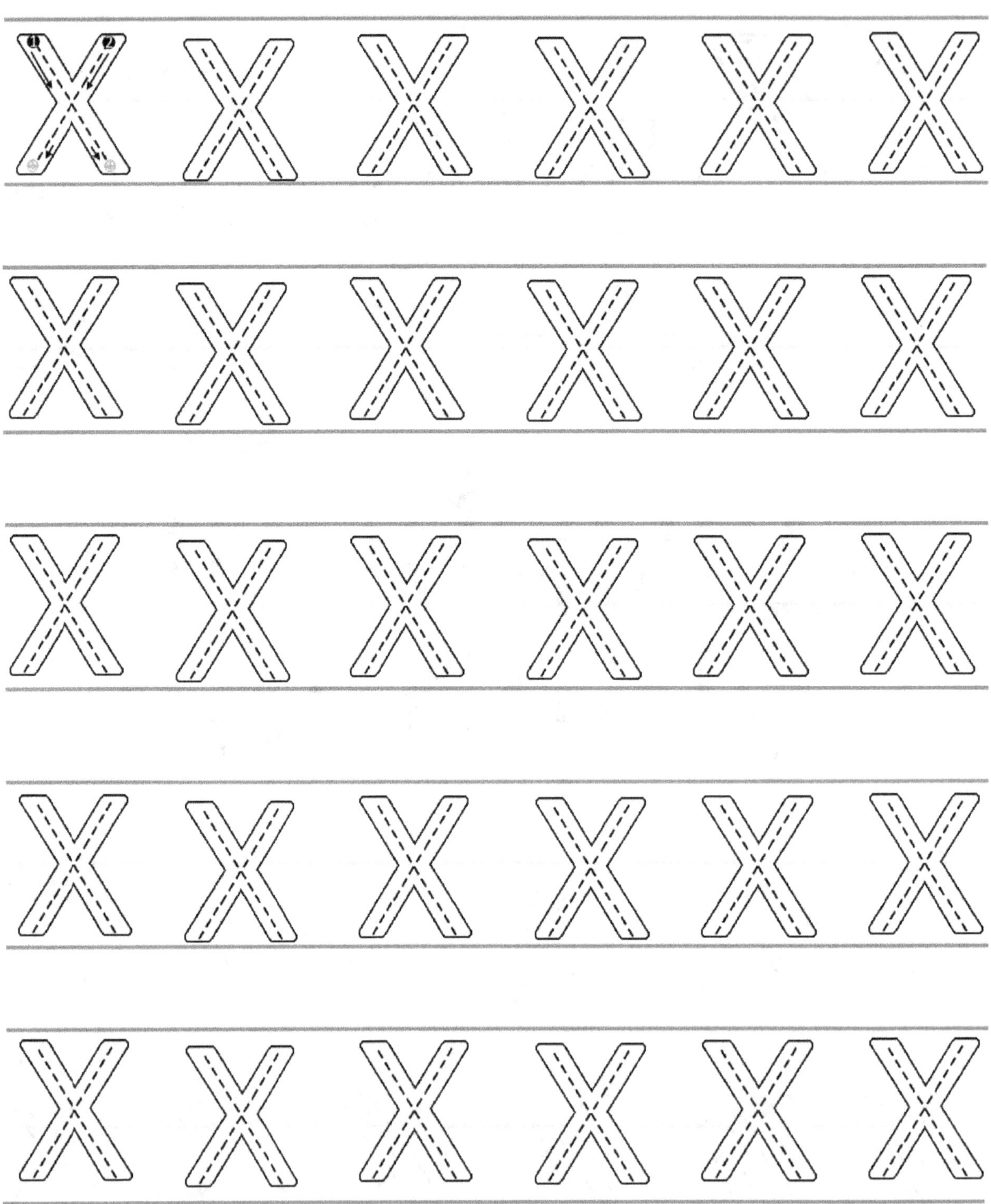

A B C D E F G H J I K L M N O P Q R S T U V W X Y Z

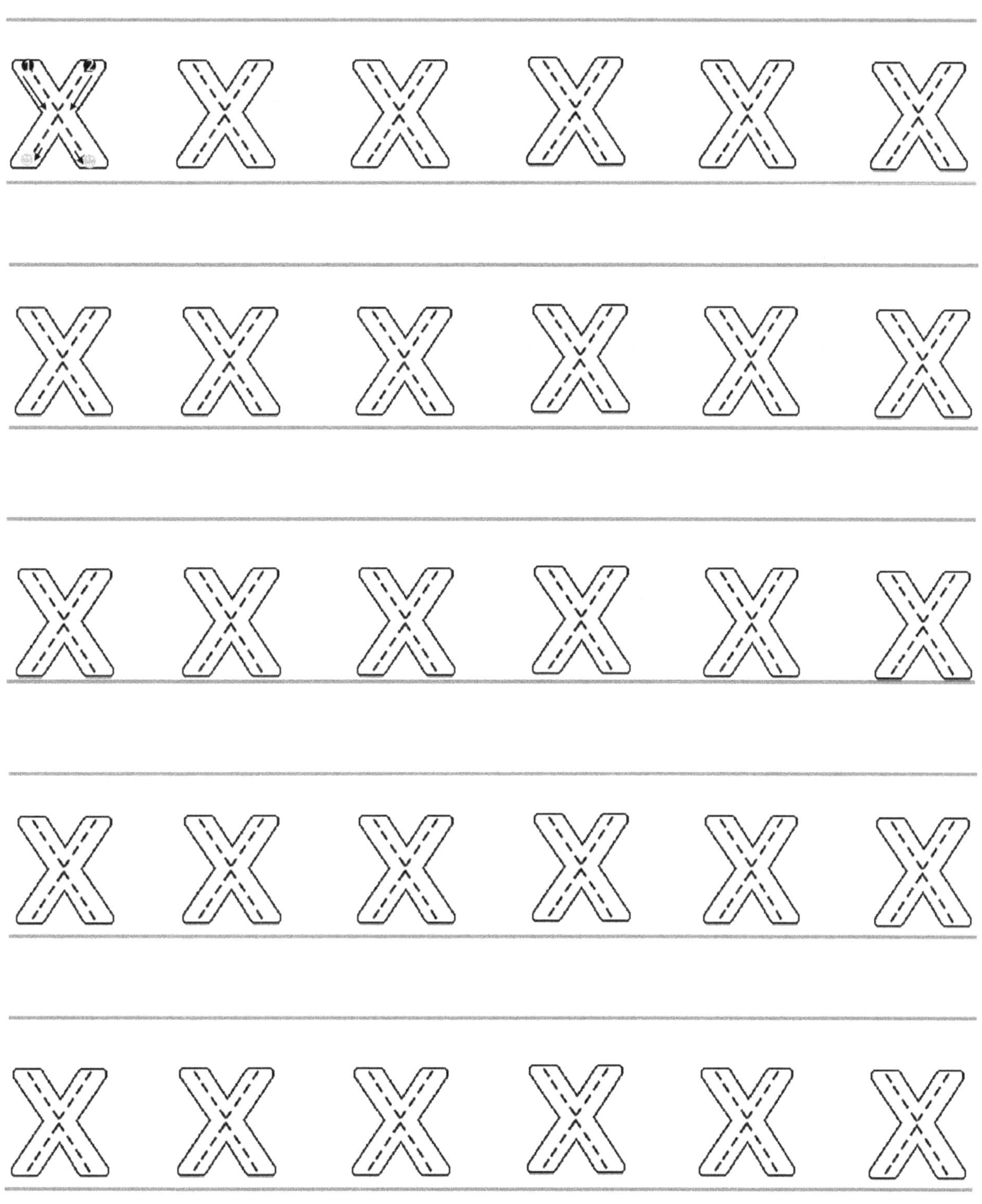

abcdef ghjiklmnopqrstu v w x y z

Aa Bb Cc Dd Ee Ff Gg Hh Ii Jj Kk Ll Mm Nn Oo Pp Qq Rr Ss Tt Uu Vv Ww Xx Yy Zz

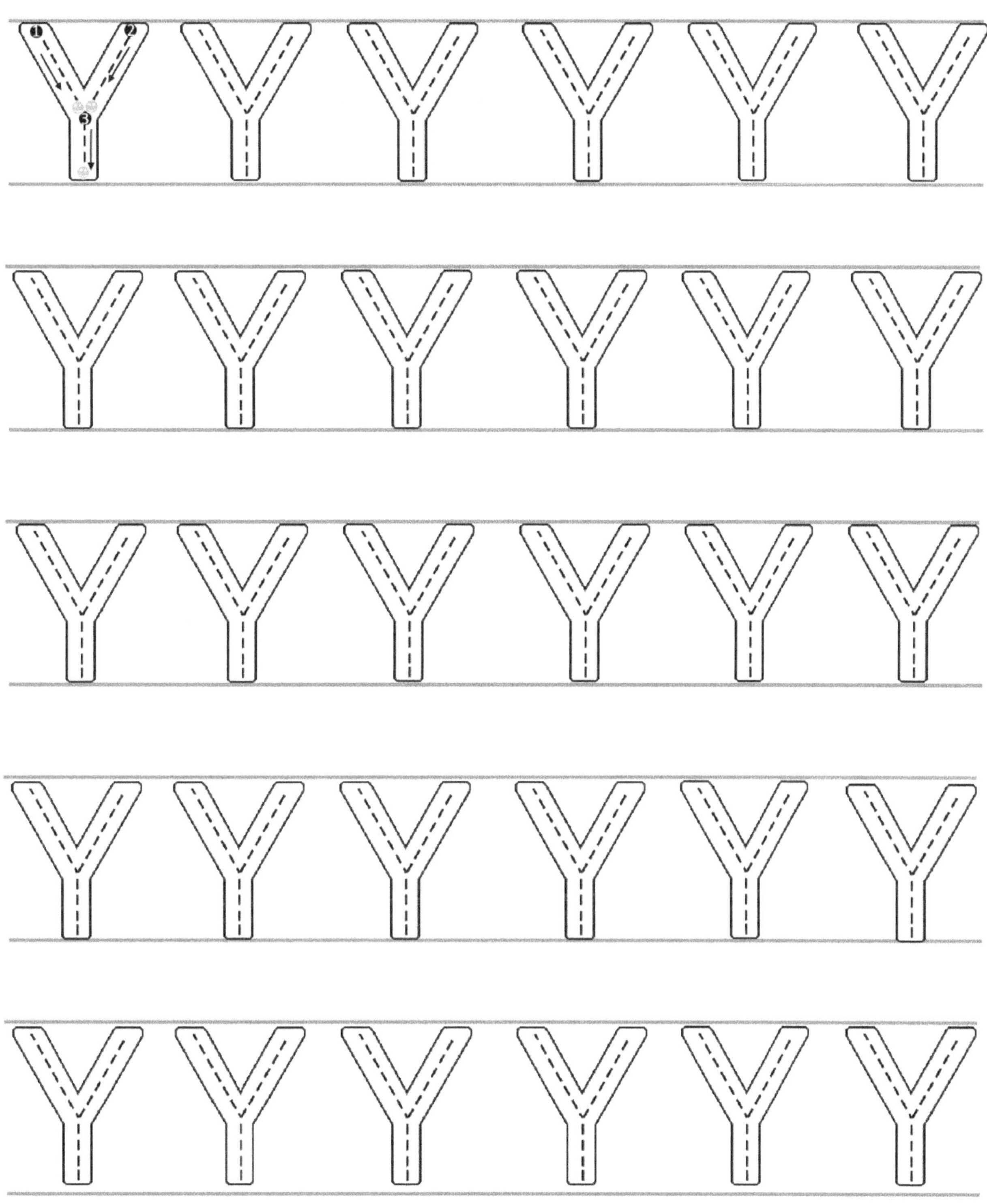

A B C D E F G H J I K L M N O P Q R S T U V W X Y Z

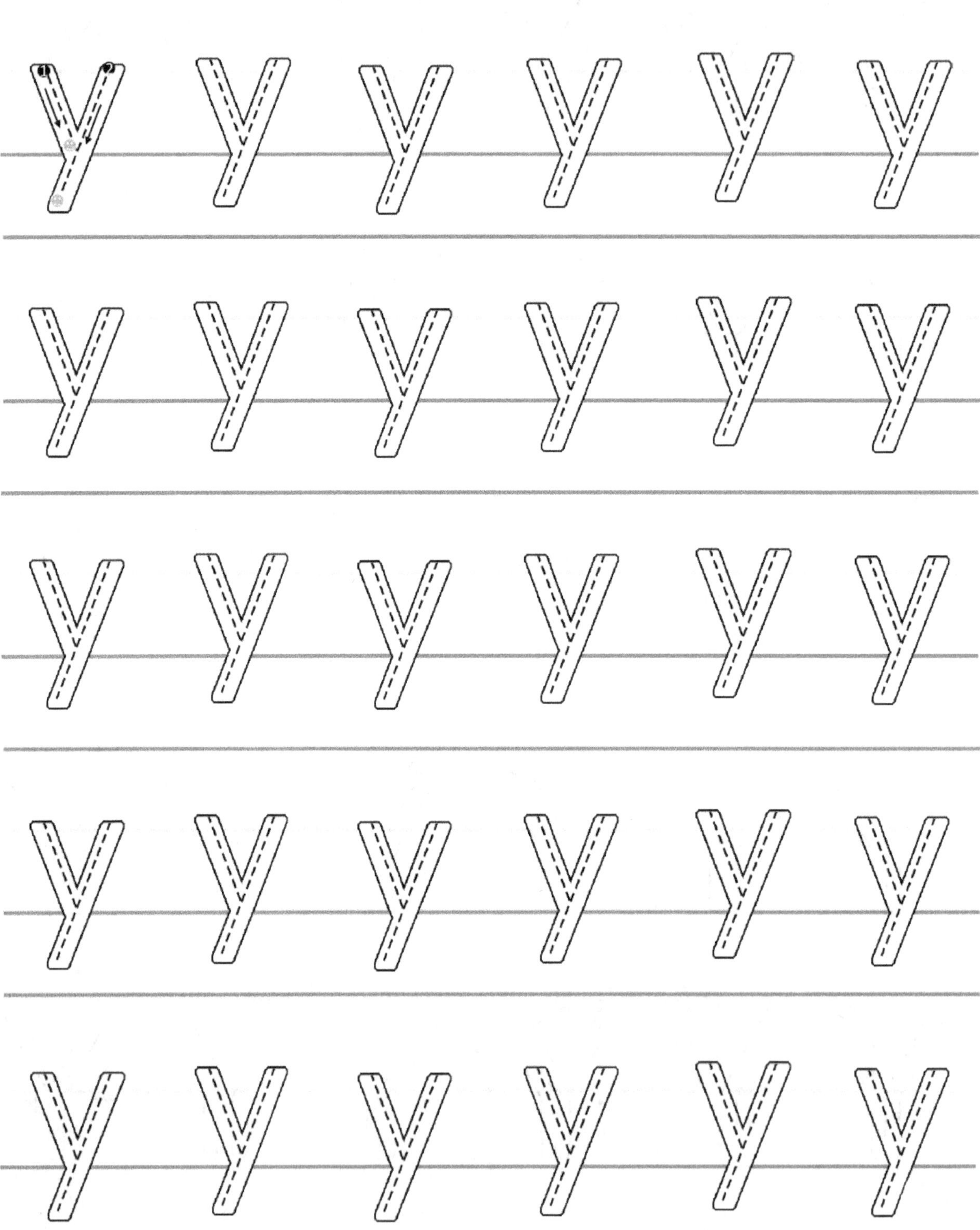

a b c d e f g h j i k l m n o p q r s t u v w x y z

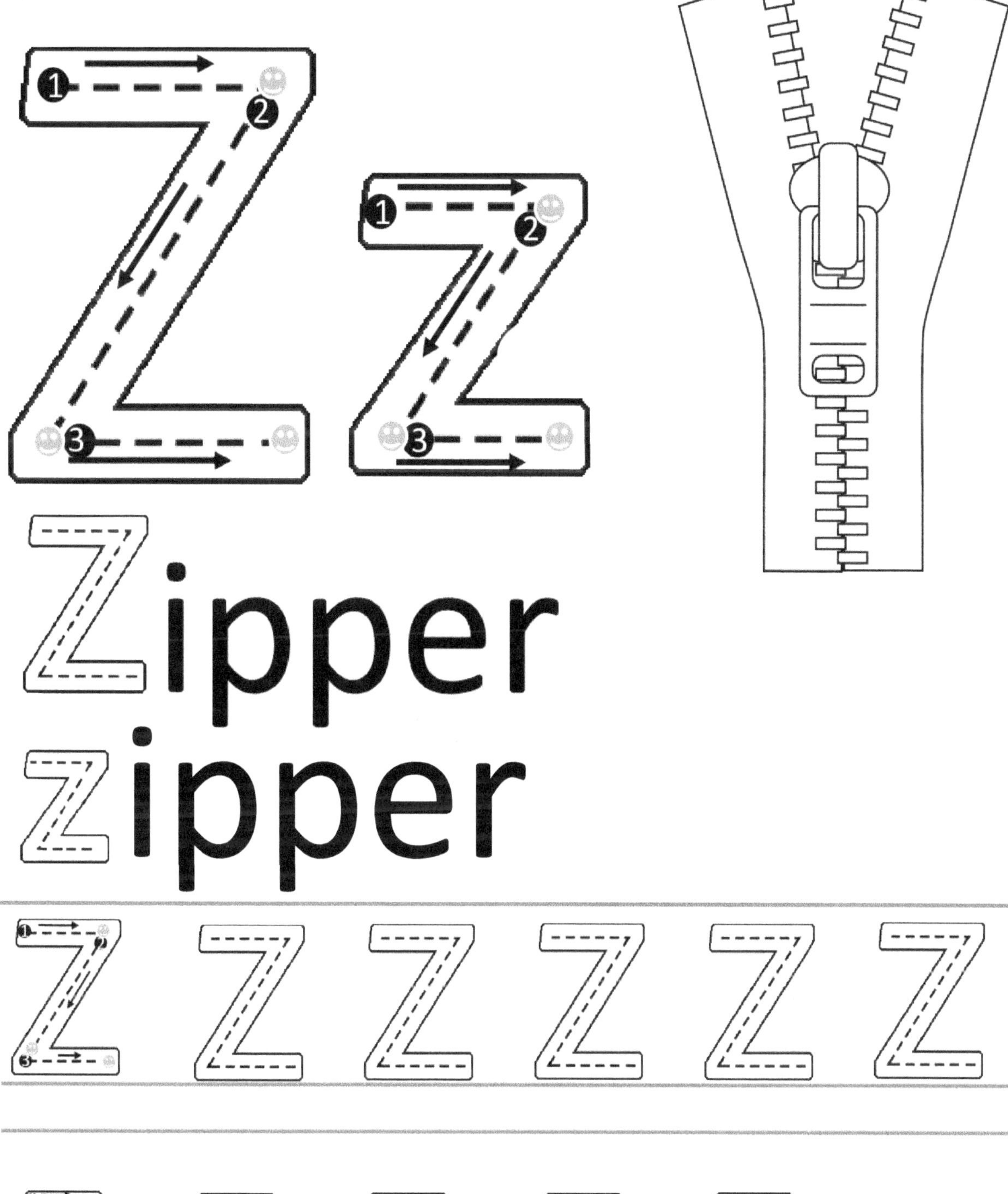

Zipper
Zipper
Aa Bb Cc Dd Ee Ff Gg Hh Ii Jj Kk Ll Mm Nn Oo Pp Qq Rr Ss Tt Uu Vv Ww Xx Yy Zz

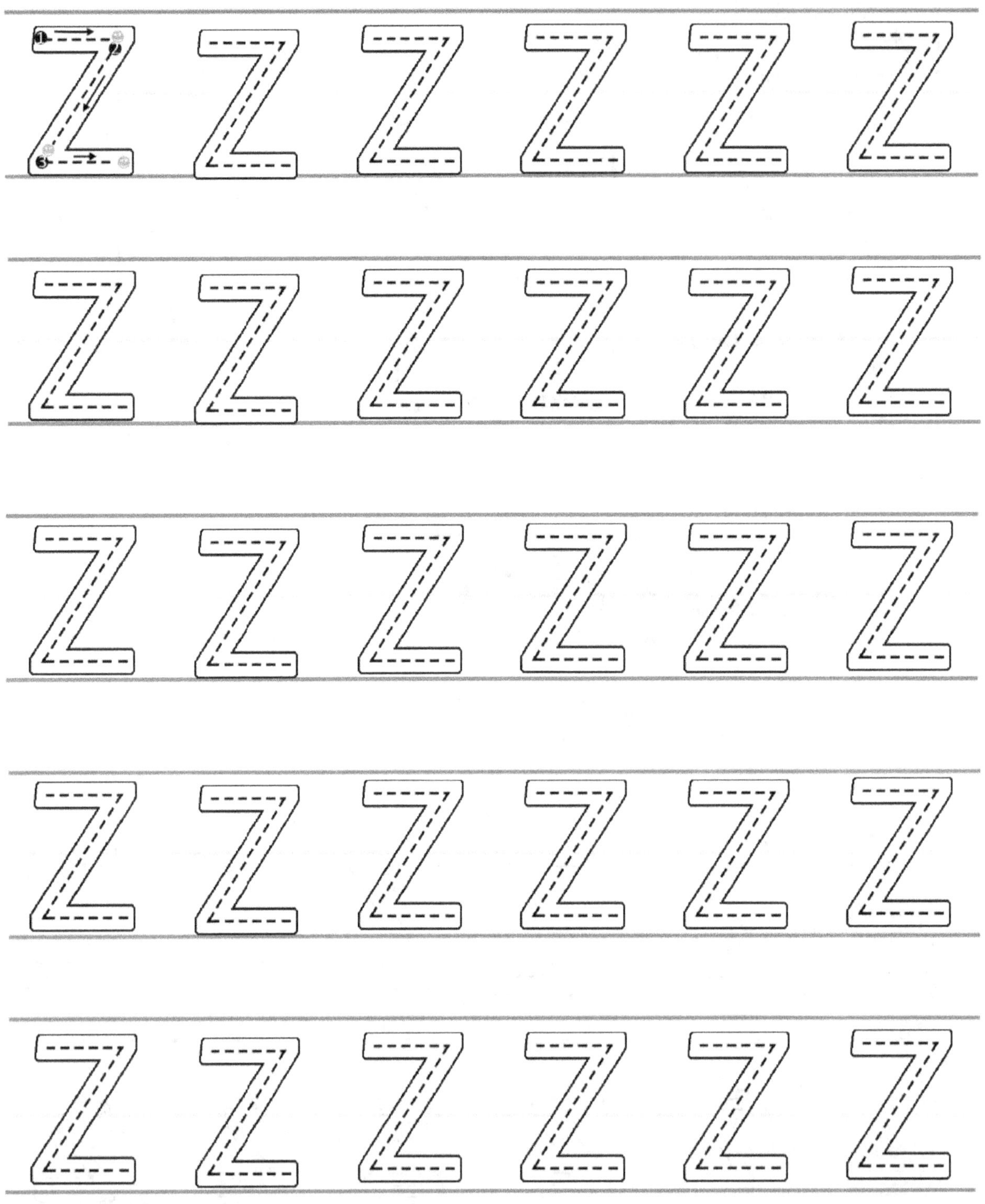

A B C D E F G H J I K L M N O P Q R S T U V W X Y Z

a b c d e f g h j i k l m n o p q r s t u v w x y [z]